Ernst Martin

Mittelhochdeutsche Grammatik

Ernst Martin

Mittelhochdeutsche Grammatik

ISBN/EAN: 9783337310608

Hergestellt in Europa, USA, Kanada, Australien, Japan

Cover: Foto ©Paul-Georg Meister /pixelio.de

Weitere Bücher finden Sie auf **www.hansebooks.com**

MITTELHOCHDEUTSCHE GRAMMATIK

NEBST WÖRTERBUCH

ZU

DER NIBELUNGE NÔT

ZU DEN GEDICHTEN

WALTHERS VON DER VOGELWEIDE

UND ZU

LAURIN.

FÜR DEN SCHULGEBRAUCH AUSGEARBEITET

VON

ERNST MARTIN

ZWÖLFTE VERBESSERTE AUFLAGE

BERLIN
WEIDMANNSCHE BUCHHANDLUNG
1896

Das Mittelhochdeutsche ist die Sprache Oberdeutschlands in den letzten vier Jahrhunderten des Mittelalters; es liegt am reinsten vor in den Dichtungen des 13. Jahrhunderts, einschliefslich des zunächst vorhergegangenen Jahrzehnts. In dieser Form wurde es an den Höfen gesprochen, während die Volksmundarten überall davon abwichen, am wenigsten noch das Alemannische am Oberrhein. Das Bairisch-Oesterreichische unterschied sich davon hauptsächlich durch die Neigung die Längen î und û in die Diphthonge *ei* und *ou* (*au*) aufzulösen; dagegen fand Verengung der Diphthonge *ie* zu î (geschrieben *i* oder *ie*) und *uo* zu *û* im Mittel- oder Binnendeutschen statt, welches auf dem fränkischen Gebiete am Main und Mittelrhein, aber auch in Thüringen und in den östlichen, durch Colonisation wieder deutsch gewordenen Ländern, besonders in Schlesien und Preufsen gesprochen wurde. Aus Südost- und Mitteldeutschland zusammen geströmt, bildete die deutsche Bevölkerung in Böhmen und Mähren einen Mischdialect aus, welcher in der Kanzlei Karls IV seine schriftliche Festsetzung fand und, durch die Nürnberger Kanzlei vermittelt, in die der Habsburger überging. Dies 'gemeine Deutsch' verbreitete sich hauptsächlich durch den Buchdruck über ganz Deutschland. Luthers Bibelübersetzung ward der Kanon des Neuhochdeutschen.

Andrerseits ist das Mittelhochdeutsche die Fortsetzung des Althochdeutschen, welches von der Zeit Karls des Grofsen ab in Schriftdenkmälern erhalten ist. Karl sprach die Mundart Rheinfrankens (um Mainz); damals standen in Oberdeutschland das Alemannische und Bairische noch schroffer als später dem Fränkischen gegenüber; dieses vermittelte den allmählichen Übergang zum Niederdeutschen, welchem das Altsächsische völlig angehörte.

Der Hauptunterschied, der das Hochdeutsche vom Niederdeutschen, aber auch vom Englischen, Friesischen, Nordischen und Gotischen trennt, ist die sogenannte zweite Lautverschiebung, welche die urgermanischen Mutae verwandelte, mit besonderer Regelmäfsigkeit *t* in *z* (nhd. *z*, *sz* oder *s*), vgl. niederdeutsch *to* mit neuhochdeutsch *zu*, *dat* mit *dasz* oder *das*. Eine frühere Veränderung der gleichen Art, die erste Lautverschiebung, hat alle germanischen Sprachen von den übrigen indogermanischen oder arischen Sprachen getrennt. Dazu gehören in Asien das Indische und Persische, in Europa das Griechische, Lateinische, Celtische, Slavische und Littauische. Die erste Lautverschiebung verwandelte ursprüngliche Tenuis in Spirans, urspr. Aspirata in Media, urspr. Media in Tenuis: vgl. *καρδία cor(-d)* mit englisch *heart* (nhd. Herz), *φέρω fero* mit *bear* (ent-behren). Eine zweite durchgreifende Umbildung in den germanischen Sprachen ging daraus hervor, dafs der Accent, welcher früher, wie noch im Griechischen, auch auf Ableitungs- und Beugungssilben hatte stehen können, jetzt durchweg auf die Stammsilben trat. Infolge davon starben die Endungen mehr und mehr ab, wie dies am deutlichsten im Englischen sich zeigt; vgl. lat. *hostis*, *hostem* auch mit dem deutschen urspr. gleichlautenden und gleichbedeutenden *gast*.

Lautlehre.

§ 1. Vokale. Kurze *a, e, ë, i, o, ö, u, ü*;
Lange *â, æ, é, î, ô, œ, û*;
Diphthonge *ei, iu, ie, ou, öu, uo, üe*.

ë wird gewöhnlich in den Handschriften und Ausgaben nicht anders als *e* geschrieben: es scheint offener gelautet zu haben als dieses. Die Aussprache des *iu* war wohl = *iü*; da dieser Laut jedoch schwierig ist, so spricht man es meist als langes *ü* aus. *ou* wird wie *eu* gesprochen und zuweilen auch so geschrieben: *vreude*.

Neuhochdeutsch (nhd.) ist meistens geworden: *î* — ei, *û* — au; *uo* — u, *üe* — ü; *iu* — eu (äu), *ou* — au, *öu* — eu (äu). Vergleiche *wîn, hûs, muot, müede, iuch, loufen, vröude*. *ie* sprechen wir nicht mehr als Diphthongen (i mit nachklingendem e) aus, sondern als langes i: z. B. in bieten. Überdies hat das nhd. die Quantität der mittelhochdeutschen (mhd.) Vokale verändert. Mit Ausnahme einiger einsilbiger Wörter (ab an bis hin in mit ob um von weg; man; bin u. a.) sind im nhd. die Vokale der Stammsilben entweder lang geworden oder sie haben Position erhalten durch Verdoppelung der folgenden Konsonanten: vgl. *vater nëmen ligen, riten*. Andererseits sind vor positionwirkenden Konsonanten die Stammvokale verkürzt worden in *râche lâʒen*, ferner in *hât jâmer, lieht* u. a. Hier ist also besonders zu beachten, dafs im mhd. die Aussprache sich an die Schrift anschliefsen muſs.

§ 2. Einige mhd. Vokale wechseln mit andern je nach der Verschiedenheit der folgenden Konsonanten oder der Vokale, die früher in der nächstfolgenden Silbe standen.

1. Als **Brechung** bezeichnete Jacob Grimm den Wechsel, infolge dessen *ë, o, ie* in Stammsilben stehen, auf die früher *a* folgte; *i, u, iu* dagegen vor Endungen mit *i* oder *u*. Vgl. *gëben* mit *er gibt* (althochdeutsch *gëban* — *gibit*); *geboten* — *wir buten* (ahd. *gibotan* — *butum*); *bieten* — *er biutet* (*biotan* — *biutit*). Anstatt *ë, o* stehen *i, u* auch, wenn auf *i* oder *u* ein doppeltes oder mit einem andern Konsonanten verbundenes *m* oder *n* folgt; daher steht *swimmen swinden, geswummen geswunden* neben *hëlfen, geholfen*. Das Participium Praeteriti der IV. Conj. hat stets *i*: *gestigen* s. § 9.

2. Durch **Umlaut**, den ein ursp. folgendes *i* bewirkte, ward *a* — *e, o* — *ö, u* — *ü; â* — *œ, ô* — *œ, û* — *iu* (langes ü); *ou* — *öu, uo* — *üe*. Beisp. *gast* — *geste* (früher *gasti*), *mohte* — *möhte* (Conjunctiv, früher *mohti*), *tür* (*turi*), *wænen* (*wânian*), *hœren* (*hôrian*), *brût* Plur. *briute* (*brûti*), *loup* — *löuber* (*loubir*), *vuoʒ* — *vüeʒe* (*vuoʒi*).

Der ursprüngliche Vokal tritt hervor in den Formen, in

denen schon ahd. das *i* ausgestofsen wurde: *wænen — wânde, hæren — hôrte* (s. § 13). Grimm nannte dies **Rückumlaut**. 3. Auch *ê* und *ô* sind nur anstatt *ei* und *ou* eingetreten, und zwar *ê* vor *h r w* (vgl. *mêr — meist* und § 10), *ô* vor *l r h s n* oder Dental (*lôs lôn, tôt* neben *touwen* sterben).

§ 3. Neben der Veränderung der Vokale durch Einwirkung der darauf folgenden Laute findet auch ein davon unabhängiger Wechsel der Stammvokale statt, welcher in der starken Konjugation und in der Wortbildung mit Veränderungen des Wortsinnes zusammen trifft: s. § 9 und vgl. für die Wortbildung die Beispiele *bir barn bâre geburt, biʒe erbeiʒe biʒ, liuge lougene lüge, grap gruobe*. Diesen Wechsel hat Jacob Grimm **Ablaut** genannt. Er bewegt sich in bestimmten Reihen, die nach den Vokalen der ursprünglichen Praesensstämme *E, EI, EU* und *A* bezeichnet werden können: vgl. νέμειν στείχειν πείθεσθαι ἄγειν und wieder (allerdings infolge späterer Entwickelung) nhd. nehmen *steigen gebeut* (Imperativ der Dichtersprache) fahren. Im Mhd. gehört zur *E*-Reihe aufser *a* (mit dem Umlaut *e*) noch *i* (mit dem Brechungs-*ë*), *â* (mit dem Umlaut *æ*), *u* (mit der Brechung *o* und dem Umlaut *ü*); zur *EI*-Reihe *i, ei* (mit der Vereinfachung *ê*) und *i*; zur *EU*-Reihe *iu* (mit der Brechung *ie*) und *û* (mit dem Umlaut *iu*), *ou* (mit der Vereinfachung *ô* und den Umlauten *öu, œ*) und *u* (mit der Brechung *o* und den Umlauten *ü* und *ö*); zur *A*-Reihe *a* (mit dem Umlaut *e*) und *uo* (mit dem Umlaut *üe*).

§ 4. Die Flexionsendungen sowie die meisten Ableitungssuffixe zeigen ein **schwaches *e***, an dessen Stelle früher volle Vokale gestanden haben: *gëben* althochdeutsch *gëban, schœner — scônero, ernestlîche — ernustlîcho*. Nur ausnahmsweise haben einzelne Flexionssilben den vollen Vokal behalten, s. §§ 12. 20. Dies schwache *e* hat jedoch zwei Stufen: nach langer Stammsilbe, d. h. einer solchen, deren Vokal lang ist oder vor mehreren Konsonanten steht, ist das *e* in der nächsten Silbe nur tonlos; nach kurzer Stammsilbe ist es stumm, wird fast gar nicht ausgesprochen; ein auf stummes *e* folgendes *e* ist tonlos.

ein auf tonloses *e* folgendes ist stumm. *heiter* hat also in der zweiten Silbe ein tonloses, *edel* ein stummes *e*; tritt die Dativendung *-eme* an, so wird das erste Wort *heitereme* ausgesprochen werden als *heiterme*, das zweite *edeleme* als *edlem*. Ein stummes *e* nach Liquidis wird meist gar nicht geschrieben: *mûl, mûln* anstatt *mille, millen*.

§ 5. Konsonanten.

Liquidae: *l, m, n, r*;
Spirantes, weiche: *v, w, h, j, s*;
harte: *f, ch, ʒ, sch*;
Mutae: *b, p; g, k (c); d, t*;
Verbindungen von Muta und Spirans: *ph, z; qu*.

Nach kurzem Vokal erscheinen *p f k z ʒ* vor Vokal gewöhnlich doppelt, wobei *ck = kk, tz = zz* gilt.

Vom nhd. weicht der mhd. Konsonantismus nur in wenigen Fällen ab. Verschiedenheiten, die nur die Schreibweise betreffen, sind: vor Vokalen wird fast immer *v* geschrieben, nicht *f*: *vinden, vallen*; *ph* an der Stelle unseres *pf*: *phant*; *c* tritt im Auslaut statt unseres *k* ein: *tranc*, im Anlaut seltener: *criuze*. *ʒ* hat den Laut unseres *ss (sz)*: *gróʒ*; zuweilen wird nhd. auch *s* dafür geschrieben: *daʒ, úʒ*. In den Handschriften und deshalb auch in einigen Ausgaben wird *ʒ* nicht von *z* unterschieden; dann ist die Regel zu beobachten: im Anlaut und hinter *l n r* steht nur *z*: *zlt, holz cranz hërze*; hinter langen Vokalen nur *ʒ*; hinter kurzen Vokalen läfst sich die Aussprache leicht aus der nhd. erraten. Dagegen hat sich im Nhd. die Aussprache geändert: bei *ng*, in welchem wir das *g* z. B. in *lange* nicht neben dem gutturalen *n* hören lassen, während dies im Mhd. ebenso geschieht wie im lateinischen *longus*. *h* wird mhd. vor *t* oder *s* und nach *r* oder *l* wie *ch* ausgesprochen: *niht fuhs durh bevëlhen*; es wird niemals wie in nhd. Schreibung als Dehnungszeichen hinter Vokalen und nach *t* gesetzt: *wdn, kilelen*; *tuon*.

[In Lachmanns Ausgabe der Nib. Nôt sind einige orthographische Eigentümlichkeiten der Handschrift beibehalten:

z steht zuweilen für *tz* z. B. *sizen*; *k*, *kh*, *ckh* für *ck*: *weken*, *rekhe*, *ungelückhe*; *sc* für *sch*: *sceiden*; *v* nach *z* oder *t* für *w*: *zvei*, *tvanc*; 3 für 33: *bezer*; *x* für *hs*: *sex*. In Lachmanns Walther ist *c* für *z* vor *i* beibehalten in *cirkel*; *gg* für *ck* und *k* in *rügge*, *linggen*.]

§ 6. Im Auslaut wird 1) Doppelkonsonant einfach geschrieben: *schif* (*schiffes*), *schaz* (*schatzes*), *sac* (*sackes*), *ros* (*rosses*), *swim* (*swimmen*) u. a.

2) Media in Tenuis verwandelt: *gap* (*gâben*), *tac* (*tages*), *rat* (*reder*); ferner *v* zu *f*: *hof* (*hoves*); *h* zu *ch*: *sach* (*sâhen*).

3) *w* abgeworfen: *niu* (*niuwes*), *gar* (*garwes*).

[In Lachmanns Nib. Nôt ist bisweilen auslautend *h* für *ch* geschrieben: *noh*; *ck* oder *k* für *c*: *lack*, *genuok*. Im Reime steht vereinzelt *ch* für *c*: *werch*; *n* für *m*: *gezan*, *frun*.]

§ 7. Auch im Inlaut wird vor Konsonant Doppelkonsonant vereinfacht: *küssen — kuste*, *setzen — sazte*, *phaffe — phafliche*. Media verhärtet *liebe — lieplich*, *sorge — sorclich*, *v* zu *f*: *prüeve — pruofte*. Tonloses *e* zwischen zwei gleichen Konsonanten fällt oft mit einem derselben aus: *bietet* wird *biet*, *dienende — diende*, *lougenen — lougen*; so wird auch *gebundenem* zu *gebundem* zusammengezogen, *mineme* zu *mime*. — Durch Konsonantenausfall und Zusammenziehung der Vokale entsteht häufig *ei* aus *age*: *meit*, *geseit*; aus *ege*: *gein*, *leite*; aus *ede*: *reite*; *d* aus *ade*: *schât*; *i* aus *ige*: *lit*, aus *ibe*: *gist*.

Im Anlaut wandelt sich *j* vor *i* zu *g* in *jehen*, *ich gihe*; zuweilen wird der Silbe *er-* ein *d* vorgeschlagen: *derkande*. Nach einem *ch* am Ende des vorhergehenden Wortes kann *d* zu *t* werden: *sich tacte* (*dacte*).

Formenlehre.
Conjugation.

§ 8. Als Zeitformen erscheinen nur ein Praesens mit Indicativ, Conjunctiv, Imperativ, Infinitiv und Participium und ein Praeteritum mit Ind. Conj. und Participium. Die übrigen werden durch Zusammensetzung mit den Hilfsverben ausgedrückt: das Futurum gewöhnlich durch den Infinitiv mit *wil* oder *sol*, das Perf. und Plusquamperfectum durch das Part. Praet. mit *hân* und *hete*; das Passivum im Praesens durch das Part. Praet. mit *wirde*, im Praet. mit *bin*. Über ein Fut. exact. und ein Plusquamperf. gebildet durch ein dem Praes. oder Praet. vorgesetztes *ge-* s. das Wörterbuch.

Die Endungen sind dieselben wie im Nhd. Doch hat die 3. Plur. Ind. Praes. *-ent*; das Part. Praes. endigt, wenn es unflektiert ist, auf *-ende* (altertümlich *-unde*); der Inf. ist deklinierbar: *-ennes, enne*. In der starken Conjugation hat ferner die 2. Sing. Imper. nie *-e*: *swim*; die 2. Sing. Ind. Praet. endigt auf *-e*: *dû gæbe*. Im Part. Praet. entbehren durchweg der Vorsetzsilbe *ge-*: *brâht, komen lâzen vunden worden* (*küsset* N. 526).

Zuweilen findet sich in der 2. Sing. *s* anstatt *st*: *nimes, ladetes*. Die 2. Plur. endigt zuweilen auf *nt*: *brâchent*. In der invertierten 1. Plur. wird oft *n* und selbst *en* abgeworfen: *bite wir, gedæht wir*. Das *en* des Part. Praes. fällt nach *l* oder *n* zuweilen aus: *hëlde* (für *hëlende*) *spilde sende*.

§ 9. Die starke Conjugation hat im Praet. Ablaut, d. h. Veränderung des Stammvokals. Steht der 1) Vokal im Praes., so tritt der 2) in den einsilbigen Formen des Praet. (1. und 3. Sing. Ind.), der 3) in den mehrsilbigen (2. Sing., der Plur. Ind. und der Conj.), der 4) im Part. ein. Überdies wird der 1) von der I—III und V Conj. immer gebrochen, aufser im Sing. Ind. und Imper., von der VI und VII dagegen in der 2. u. 3. Sing. Ind. umgelautet; der 3) wird von der I—III und V, VI in der 2. Sing. und im Conj. Praet. umgelautet; der 4) wird von der I—III und der V gebrochen.

	Praes. Ind.		Praet. Ind.		Conj.	Part.
	1. Sing.	1. Plur.	1. Sing.	1. Plur.	1. Sing.	
I *i* (*ë*): *a, â* (*æ*), *e*:	*gibe*	*gëben,*	*gap,*	*gâben*	*gæbe,*	*gegëben*
II *i* (*ë*): *a, â* (*æ*), *o*:	*nim*	*nëmen,*	*nam,*	*nâmen*	*næme,*	*genomen*
III *i* (*ë*): *a, u* (*ü*), *o*:	*wirfe*	*wërfen,*	*warf,*	*wurfen*	*würfe,*	*geworfen*
IV *î*: *ei, i,* *i*:	*rîte*	*rîten,*	*reit,*	*riten*	*rite,*	*geriten*
V *iu* (*ie*): *ou, u* (*ü*), *o*:	*vliuge*	*vliegen,*	*vlouc,*	*vlugen*	*vlüge,*	*gevlogen*

	Praes. Ind. 2. Sing.	Praet. Ind.	Conj.	Part.

VI a (e): uo, uo (üe), a: trage tregest, truoc, truogen trüege, getragen
VII a (e) ⎫ ⎧ a: valle vellest, viel, vielen viele, gevallen
   d (œ) ⎪ ⎪ d: slâfe slæfest, slief, sliefen sliefe, gesláfen
   ei   ⎬ ie, ie ⎨ ei: heize heizest, hiez, hiezen hieze, geheizen
   ó (œ) ⎪ ⎪ ó: stóze stœzest, stiez, stiezen stieze, gestózen
   ou ⎪ ⎪ ou: loufe loufest, lief, liefen liefe, geloufen
   uo (üe) ⎭ ⎩ uo: ruofe ruofest, rief, riefen riefe, geruofen

Beispiel:

Praes. Ind. *gibe gibest gibt gëben gëbet gëbent*; Imp. *gip gëbet*
Conj. *gëbe gëbest gëbe gëben gëbet gëben*; Inf. *gëben*
                                                            Part. *gëhende*
Praet. Ind. *gap gæbe gap gâben gâbet gâben*; Part. *gegëben*
Conj. *gæbe gæbest gæbe gæben gæbet gæben*.

§ 10. Der Doppelkonsonant des Praes. wird überall, wo im Praet. lange Stammvokale eintreten, vereinfacht: *isze az dzen* (I), *triffe traf trâfen* (II), *spanne spien spienen* (VII). In der I können die Verba mit *s* als Stammesauslaut dies hinter dem 3) und 4) Ablautsvokal in *r* verwandeln: *nise nas nâren genërn* (öfter *genësen*). Unter den Verben der II hat *quëmen* folgendes a verbo angenommen: *kum* oder *kom, kumen (komen), kam (kom), kâmen (kômen), kæme (kœme), komen*. In III tritt nach § 2 keine Brechung ein, wenn auf den Stammvokal ein *m* oder *n* doppelt oder mit einem andern Konsonanten verbunden folgt: *swimmen geswummen, vinden gevunden*. Zuweilen unterbleibt auch der Umlaut im Conj. Praet.: *wurbe, vunde*. In der 1. und 3. Sing. Ind. Praet. haben nach § 2, 3 die Verba der IV mit *h* hinter dem *i* anstatt *ei — ê: zîhe — zêch* (schrien hat *schrei* und *schrê*); die von der V mit *h, s, z, t* hinter *iu* haben anstatt *ou — ó: biute — bôt*. In IV und V wird gemäfs § 5 nach kurzem Stammvokal *z* oder *f* verdoppelt: *ginze — guzzen güzze gegozzen; grîfe — griffen griffe gegriffen*. Der sogenannte grammatische Wechsel wandelt in den mehrsilbigen Formen des Praet. der IV, V, VI *s* zu *r*: *verliuse verlós — verluren verlüre verloren*; h zu g: *ziuhe zóch — zugen zûge gezogen, lîhe léch — geligen* (doch *flinhe flóch fluhen flühe geflohen*); *slahe — sluogen slüege geslagen* und hier auch im Sing. *sluoc*; d zu t: *snîde sneit snîten gesnîten.* *houwen* der VII angehörig hat im Praet. *hiu hûuwen.*

§ 11. I—III haben Stammvokale aus der *E*-Reihe, die IV solche aus der *EI*-Reihe, die V solche aus der *EU*-Reihe; die der VI gehören der *A*-Reihe an. Die VII hat nicht eigentlich Ablaut, sondern das *ie* des Praeteritum ist nach Wegfall des Stammvokals aus dem Vokal einer im Gotischen noch vorhandenen Reduplikationssilbe entstanden: *hielt* aus *haihald*, *stieʒ* aus *staistaut*.

In I folgt auf den Stammvokal einfache Muta oder Spirans (*b, g, h, s, t, ʒ*); in II Liquida oder Konsonantenverbindung ohne Liquida (*ff, ck, ch, sch, st, hs, ht*); in III Liquida doppelt oder in Konsonantenverbindung. Vergleiche aufser den obigen Beispielen: *lise, sihe*; *triffe, vihte*; *gewinne, hilfe*. In VI steht *a* vor einfacher Muta oder Liquida oder *sch*: *var, wasche*; in VII vor doppelter Liquida oder Liq. mit einem andern Konsonanten verbunden: *spanne, halte*.

§ 12. Die schwache Conjugation bildet wie im Nhd. das Praeteritum durch angehängtes *te*, das Part. Praet. durch *t*. *te* ist urspr. wohl ein Praeteritum des Verbs thun, so dafs *ich lóne-te* wörtlich durch 'ich lohnen that' wiedergegeben werden kann. Diese Zusammensetzung, welcher dem Ablaut gegenüber etwas unselbständiges, umschreibendes anhaftet, hat der Conjugation den Namen der schwachen eingetragen. Alle ihr angehörigen Verba sind nicht ursprünglich, sondern abgeleitet. z. B. *brennen* 'brennen machen' von *brinnen* 'brennen'. Ursprünglich stand zwischen Stamm und Endung ein voller Vokal (*i, e, ó*), welcher mhd. nach § 4 regelmäfsig zu unbetontem *e* geworden ist; nur zuweilen erscheint *ó* im Part. Praet.: *gewarnót*. Nach kurzer Stammsilbe fällt das *e* vor *te, t* gewöhnlich aus: *lobte gelobt, wunderte gewundert* (dann wird *te* nach Liquidis häufig zu *de*: *wdfende*); nach langer bleibt das *e*: *salbete, gesalbet*.

Beisp.
Praes. Ind. *lŏne lŏnest lŏnet lŏnen lŏnet lŏnent*;
Imp. *lŏne, lŏnet*
Conj. *lŏne lŏnest lŏne lŏnen lŏnet lŏnen*;
Inf. *lŏnen*; Part. *lŏnende*
Praet. Ind. *lŏnete lŏnetest lŏnete lŏneten lŏnetet lŏneten*;
Conj. wie Ind.
Part. *gelŏnet*.

§ 13. Die sehr zahlreichen Verba schwacher Conjugation, welche urspr. ein *i* vor der Endung hatten, haben, wenn es möglich war, Umlaut angenommen: *lege legte gelegt*; *liutere liuterte geliutert*. Diejenigen, deren Stamm aus einer einzigen langen Silbe besteht, haben im Praet. und Part. Praet. zwar auch die Formen mit *e* vor *te* und *t*: *brennete gebrennet*, stofsen jedoch häufiger *e* aus und zeigen, wenn dies möglich ist, Rückumlaut (§ 2, 2): *wæne — wânde gewônt, rüeme — ruomte geruomt*; aber *weine — weinte*. Dabei wird vor *t* Doppelkonsonant vereinfacht: *fülle — fulte gefult, brenne — brante gebrant*; *g* geht in *c* über, *ck* in *h*: *vüege — vuocte gevuoct, decke — dahte gedaht*; *t* oder *d* wird ausgestofsen: *vriste — vriste gevrist, künde — kunte gekunt*; ebenso *w* oder *j*: *gerwe — garte gegart, wæje — wâte gewât*; bei diesen letzten kann der Umlaut auch bleiben: *dröuwe dröute gedröut*; *wæte, dræte*. Zu den langsilbigen Verben gehen auch einige kurzsilbige über, indem sie den Endkonsonanten des Stammes verdoppeln und dann Rückumlaut annehmen können: neben *zeln* erscheint auch *zellen*, daher *zelte* und *zalte*.

§ 14. Anomala. 1) Das Verbum substantivum entnimmt seine Formen drei verschiedenen Stämmen: (1) *bin bist*, (2) *ist sin sit* (vereinzelt *birt*) *sint*. Conj. *si sist si* usw. daneben (3) *wëse wësest* usw. Imp. *wis wëset* (*sit*); Inf. *wësen* (*sin*); Part. *wësende*; Praet. *was wære was wâren* usw. Conj. *wære* usw. Part. *gewësen*.

2) Praeteritopraesentia d. h. Verba, deren Praes. ein ursprüngliches Praet. ist, jedoch in der 2. Sing. Ind. *t* (*st* nach *n* und *r*) annimmt. Ihr Praeteritum bilden sie schwach.

Die I Ablautreihe, aber unregelmäfsig, befolgt *mac* 'kann' *maht mac, mugen* (*megen*); Conj. *muge* (*mŭge, mege*); Praet. *mohte* (*mahte*); Conj. *mŏhte* (*mehte*); Inf. *mugen.*
die II *sol solt sol, suln* (*sŭln sŭn*); *sŭl*; *solte* (*solde*); Conj. ebenso; *suln.*
die III *gan* 'gönne' *ganst gan gunnen gunnet gunnen*; Inf. *gunnen*; Conj. *gŭnne gŭnnest* usw. Praet. *gunde* (*gonde*); Conj. Praet. *gŭnde* (*gŏnde*); Part. Pract. *gegunnen* und *gegunnet.*
Danach *erban* 'mifsgönne'. Durch eine falsche Ableitung hierhergezogen hat das Verbum *beginnen* neben dem Praet. *began* auch *begunde* erhalten.
1. 3. *kan* 'weifs' 2 *kanst, kunnen*; Conj. *künne*; Praet. *kunde* (*konde*); Conj. *kŭnde* (*kŏnde*); Inf. *kunnen.*
tar 'wage' *tarst, turren*; *türre*; *torste*; *törste* (*torste*); *turren.*
darf 'habe nötig' *darft, durfen*; *dürfe*; *dorfte*; *dörfte*; *dürfen.*
die IV *weiʒ weist, wiʒʒen*; Conj. *wiʒʒe*; Praet. *wiste* (*weste, wēsse*); Conj. ebenso; Inf. *wiʒʒen*; Part. *gewiʒʒen, gewēst.*
die V *touc* 'tauge', 2. Sing.?, *tugen* (*tügen*); *tüge*; *tohte*; *töhte*; *tugen.*
die VI *muoʒ muost, müeʒen*; Conj. *müeʒe*; Praet. *muoste* (*muose*); Conj. *müeste* (*müese*); Inf. *müeʒen.*

3) Ähnliche Bildung, nämlich einen urspr. Opt. Aoristi als Ind. Praes. hat *wellen*: *ich, er wil, dû wil* (*wilt*), *wir wellen* (*weln*) usw. *welle* (*wolle*); *wolte* (*wolde*); Conj. ebenso.

4) *tuon tuost tuot tuon tuot tuont*; Imp. *tuo tuot*; Conj. *tuo tuost tuo tuon tuot tuon*; Inf. *tuon*; Part. *tuonde*; Praet. *ich, er téte, dû tǣte, wir tâten* usw.; Conj. *tǣte*; Part. *getân.*

5) *stân* (*stén*) *stâst stât stân stât stânt*; Imp. *stant stât*; Conj. *stâ* (*sté*) *stâst stâ stân stât stân*; Inf. *stân*; Part. *stânde*; Pract. *stuont*; Conj. *stüende*; Part. *gestanden* und *gestân.*
Ebenso im Praes. *ich gân*; Conj. *gé*; Imp. *ganc*; Praet. *gienc* (*gie*); Part. *gegangen* und *gegân.*

6) *haben* kontrahiert meist: *hân hâst hât hân hât hânt*, Conj. *habe*; Part. *habende*; Praet. *ich* (*er*) *hâte hête hete, dû hǣte, wir hâten hêten heten*; Conj. *hǣte hête hete*; Part.

gehabet. In der Bedeutung 'halten' ist *haben* regelmäfsig und schwach.

7) *ld3en* wird ebenso kontrahiert im Ind. Sing. *ldn ldst ldt*, Plur. *ldn ldt ldnt*, im Inf. und im Part. Praet. *ldn*; Praet. *lie3 (lie)*.

8) *vdhen* und *hdhen* kontrahieren zuweilen den Inf.: *vdn, hdn*; Praet. *vienc (vie)*, *hienc (hie)*; Part. *gevangen, gehangen*.

9) *biten ligen, sitzen* und *heben, swern* bilden das Praes. schwach, das Praet. nebst Part. teils nach der I starken: *bat, gebéten; lac, gelégen; sa3, gesë33en*; teils nach der VI: *huop, gehaben; swuor, gesworn* (seltener, aber regelrechter *geswarn*).

10) *bringen, denken, dunken* haben im Praet. *brdhte, ddhte, dühte*; Conj. *brœhte, dœhte, diuhte*; Part. *brdht, geddht, gedüht*.

würken und *vürhten* nehmen im Praet. *o* an: *worhte, geworht: vorhte, gevorht*.

Deklination. Substantiva.

§ 15. Starke Deklination. Die Masculina der I Form haben im Sing. Nom. — (oder *e*), Gen. *es*, Dat. *e*, Acc. — (oder *e*); im Plur. N. G. A. *e*, Dat. *en*:

tac tages tage tac, tage tage tagen tage;
jegere jegeres jegere jegere, jegere jegere jegeren jegere.

II Sing. ebenso wie I; Plur. mit Umlaut:
gast gastes gaste gast, geste geste gesten geste.

Neutr. Sing. wie m.; Plur. —, *e, en*, —. Zuweilen tritt im Plur. umlautwirkendes *er* zwischen Stamm und Endung.

wort wortes worte wort, wort worte worten wort;
rat rades rade rat, reder redere rederen reder.

Fem. I Sing. durchgängig *e*; Plur. N. A. *e*, G. und D. *en*:
gâbe gâbe gâbe gâbe, gâbe gâben gâben gâbe.

II Sing. ohne Endungen; doch haben D. und G. auch *e*, vor welchem, wenn es möglich ist, Umlaut eintritt. Plur. umlautend mit *e*, Dat. *en*:

zit zit (zite) zit (zite) zit, zite zite ziten zite;
kraft kraft (krefte) kraft (krefte) kraft, krefte krefte kreften krefte.

Mit oder ohne Umlaut vor den Endungen mit *e* erscheinen
naht (G. Sing. *der nahte,* Pl. *nahte,* D. *den nahten*) und *hant.*

§ 16. Schwache Dekl. Alle Genera haben N. Sing. *e,*
sonst in allen Casus *en*; nur A. Sg. n. *e* wie N.:
*hérre hérren hérren hérren, hérren hérren hérren hérren;
frouwe frouwen frouwen frouwen, frouwen frouwen frouwen
frouwen;
hĕrze hĕrzen hĕrzen hĕrze, hĕrzen hĕrzen hĕrzen hĕrzen.*

§ 17. Anomala. 1) *vater, bruoder, muoter, tohter, swĕster*
sind unveränderlich, aufser dafs sie im D. Pl. *n* annehmen, und
dafs *vater* im Plur. meist umlautet: *veter.* 2) *man* bleibt un-
flektiert oder bildet G. *mannes,* D. *manne,* Plur. *manne,*
D. *mannen.* 3) Neben *küneginne* erscheint auch das unflektierte
künegin. 4) *vriunt* hat im N. A. Pl. *vriunt* neben *vriunde.*

§ 18. Eigennamen flektieren teils stark, teils schwach
nach den obigen Paradigmen. Die starken Masculina haben
im D. und A. *e* oder *en* oder auch gar keine Flexion: *Sifrit
Sifride Sifriden;* die starken Feminina haben im A. auch *e*:
Kriemhilt Kriemhilde, und in allen Casus obl. daneben schwache
oder auch flexionslose Form: *Kriemhilt Kriemhilden.*

Adjectiva.

§ 19. Alle flektieren stark und schwach (schwach hinter
dem Artikel); häufig sind sie auch als Attribut flexionslos. Die
st. Deklination weicht vom Nhd. nur ab im N. Sing. fem. und
N. und A. Plur. neutr. auf *iu* und im N. A. Sing. n. auf *ez.*

Beisp. *alter altes altem alten, alte alter alten alte;*
altiu alter alter alte, alte alter alten alte;
altez altes altem altez, altiu alter alten altiu.

Zuweilen erscheint im D. S. m. und n. die volle Endung
eme, im G. Sing. f. und Plur. *ere: rôteme, iuwerre* (aus *iuwerere*).
Dabei ist besonders bei mehrsilbigen tonloses und stummes *e*
zu unterscheiden: *michel* 'grofs' hat im D. Sing. m. und n.
michelme, im G. D. Sing. f. und G. Plur. *michelre;* ĕben da-
gegen *ĕbenem, ĕbener* (§ 4).

Die schwache Dekl. ist gleich der der Substantiva; das Nhd. stimmt damit überein, aufser im A. Sing. f., welcher mhd. *en* hat: *die schœnen maget*.

§ 20. Der **Comparativ** wird durch angehängtes *er* gebildet, der Superlativ durch *est*: *edeler, edelest*; *micheler, michelest*. Einige Adjectiva nehmen in der Comparation auch Umlaut an: *alt — elter, eltest* neben *altest*; *starc — sterkest*. Zuweilen erscheinen im Superlativ die altertümlichen Endungen *ôst*: *vorderôst*, und umlautwirkend *ist*: *græʒist* (*græst*). Steigerungsformen von verschiedenen Stämmen gebildet: *guot — beʒʒer, beʒʒest* oder *best*; *übel — wirser, wirsest* oder *wirst*; *michel — mêrer, meist*; *lützel — minner, minnest*.

§ 21. **Adverbia** werden von Adjektiven abgeleitet durch Anhängung teils von *e*: *starc — starke*, wofür bei den Adjektiven auf *e* Rückumlaut sich zeigt: *veste — vaste, schœne — schône*; teils von *liche, lich*: *trûrecliche, süeʒlich*.

§ 22. **Zahlwörter.** *einer einiu eineʒ*, als Attribut im N. Sing. unflektiert; m. *zwêne* f. *zwô* n. *zwei, zweier, zwein*; *dri* n. *driu, drier, drien* (*drin*); *viere vieriu*. Ebenso flektieren auch *vünf, sëhs, siben, aht, niun, zëhen, einlif, zwelf, driʒëhen* ... *zweinzic* (*zwênzic*), *driʒic*. Neben *hundert* erscheint auch *hunt*.

Ordinalia: *êrst*; *ander* 'zweiter'; die anderen werden durch angehängtes *te* (nach Liquidis *de*) gebildet: *drite, vierde* usw.

Pronomina.

§ 23. **Persönliche.** I Person: *ich mîn mir mich, wir unser uns uns* (altertümlich *unsich*). II *dû* (*du duo*) *dîn dir dich, ir iuwer iu iuch*.

Das Pron. der III Person hat im G. Sing. *sîn*; *sich* ist nur A. Sing. und Plur.; für den D. werden die Formen entlehnt von dem geschlechtigen:

m. ër   sîn   im in,
f. sie (siu si si) ir ir sie (si), } Plur. sie (si si) ir in sie (si).
n. ëʒ (iʒ) sîn (ës) im ëʒ,

Die Possessiva sind *mîn, dîn, sîn; unser, iuwer*; anstatt des Poss. der III Sg. f. und Plur. wird der G. *ir* gebraucht; selten erscheint dieser auch flektiert: *iren*.

§ 24. Demonstrativum und Relativum, auch bestimmter Artikel ist
dër diu daȝ, G. *dës* f. *dër*, D. *dëm* f. *dër*, A. *dën die daȝ*; der Instrumentalis n. *diu* erscheint nur mit Praepositionen verbunden: *sît diu*. Plur. die n. *diu*, G. *dër*, D. *dën (dien)*, A. *die* n. *diu*.

Das Demonstrativum *dirre (diser) disiu diȝ (ditze)* hat auch im G. und D. Sing. f. und G. Plur. *dirre*.

Das Interrogativum flektiert *wër waȝ, wës, wëm, wën waȝ*; Instr. *wiu*. Aus *sô wër* zusammengesetzt ist *swër swaȝ* 'wer, was auch immer'. *wëder* 'welcher von beiden', *wëlh (wël)* 'was für ein' sind adjektivisch.

ANHANG.

Grundzüge der mhd. Verskunst.

§ 25. Die mhd. Verskunst beruht auf der Betonung der einzelnen Silben innerhalb eines jeden Wortes. In jedem Worte wird die erste (die Stammsilbe in einfachen Wörtern, die Stammsilbe des ersten Teiles in zusammengesetzten) besonders stark betont, sie hat den Hochton. In einigen abgeleiteten Wörtern und in allen Zusammensetzungen kommt zur Stammsilbe noch eine oder mehrere Silben mit vollem Vokal; diese Silben werden etwas schwächer betont, haben den Tiefton. Vgl. *vischære hûniginne, manlich dēgenheit, künicrîche marcgrâvinne*. Andere Ableitungssilben und fast alle Flexionssilben haben schwaches *e*, das entweder tonlos ist oder stumm (§ 4).

Von der Regel, dafs die erste Silbe den Hochton trägt, sind ausgenommen

1) die Zusammensetzungen mit den untrennbaren Praepositionen *be ent (en) er ver ge zer (ze)*, welche sämtlich schwaches *e* haben. Vgl. *bestân entsagen erkant vergëzzen geloube zerinnen*. Die drei ersten Praepositionen haben jedoch in alten Zusammensetzungen mit Nominibus den vollen Vokal und damit den Hochton bewahrt: *antvanc* neben *enphdhen, urloup* neben *erlouben, biderbe*.

2) Verba, die mit den Praepositionen *über under durch umbe wider gegen hinder* untrennbar zusammengesetzt sind, während die mit denselben zusammengesetzten Nomina die erste Silbe betonen: *ùnderscheiden* (' bezeichnet den Tielton der ersten Silbe) neben *underscheit*, *ùberwinden* neben *übermuot*.

3) Ebenso die mit *misse* und *volle* zusammengesetzten Verba *missetuon vólbringen* neben den Substantiven *missetát volleist*.

4) Schwanken findet statt bei den Zusammensetzungen mit *al* und *un*: *alsó* und *álsó, ùntriuwe* und *untriuwe*.

§ 26. Der mhd. Vers besteht aus einer gewissen Anzahl von H e b u n g e n d. h. höher betonten Silben, zwischen welchen je eine S e n k u n g d. h. minderbetonte Silbe stehen, aber auch fehlen kann. *Dó wúohs in Niderlánden* ist metrisch gleich *zúo dém gáste*. In den gesungenen Gedichten fehlt die Senkung nur äufserst selten, so dafs der Versbau dem nhd., in welchem Hebung und Senkung regelmäfsig abwechseln, sehr ähnlich ist. Mit Ausnahme des Tageliedes (88, 9) fehlt bei Walther die Senkung nur innerhalb zusammengesetzter Wörter, in welchen zwei Silben mit vollem Vokal zusammenstofsen: *lántgráve, hérzéichen*.

Zur Hebung taugt 1) jede Silbe mit Hochton, 2) eine Silbe mit Tiefton *bitterlichen küniginne*, 3) eine Silbe mit tonlosem (nicht mit stummem) *e*; jedoch 2) und 3) nur entweder als letzte Hebung der Nibelungenzeile *Sífrit, Uóten, Hágené*, oder wenn wenigstens eine Silbe mit schwachem *e* folgt. Gehört diese Silbe demselben Worte an wie die tonlose Hebung, so mufs entweder hinter dem tonlosen Vokal der Hebung eine Doppelkonsonanz stehn: *trûrénde*, oder hinter dem stummen *e* ein *n*:

michélen; nicht regelrecht ist *trûréte, michéler*. Gehört die Silbe mit schwachem *e* dem nächsten Worte an, so mufs ein Konsonant die beiden *e* trennen: *sanfté gemuot, wérdén erkant*; nicht erlaubt ist *schamelé erclanc*.

Selten und nur in den lyrischen Gedichten erscheint neben dem gewöhnlichen Versfufs eine Art von daktylischem, in welchem auf eine Hebung zwei Senkungen folgen: *Ích sach hie vór ëteswénne dēn tác.*

§ 27. Die Hebung darf nie weniger Wortton haben als die folgende Senkung. Man lese also nicht *Hágené von Trónege*, sondern *Hágene vón Trónege*, nicht *strûhté daʒ márc*, sondern *strûhte dáʒ márc*.

Dagegen hat die Hebung zuweilen weniger Wortton als die vorangehende Senkung, indem eine Silbe mit Tiefton über eine lange mit Hochton erhoben wird: *mít driúnge, dér barmúnge ursprínge* (W. 7, 36). Besonders geschieht dies in Namen: *Gérnóten, Reimár*; auch in solchen, deren erste Silbe kurz ist *Philíppes* (W. 19, 7 u. ö.). So wird zuweilen auch eine Silbe mit Tiefton über eine vorangehende mit Tiefton gehoben: *únfrœlichen, hóchvertígen, márcgrávin, únsúmic* (W. 80, 24), sogar eine mit tonlosem *e*: *júnchérrén fūr* (W. 85, 24). (S. auch § 29.)

§ 28. Hebung und Senkung sollen einsilbig sein. Doch kann ein stummes *e* hinter einer kurzen betonten Silbe in der Hebung verschleift werden und ebenso ein stummes *e* hinter einem tonlosen *e* in der Senkung. Also Wörter wie *síte sagen künec gíbest* können Hebung sein, und in *wáchete grímmeger trúreten* können die beiden letzten Silben die Senkung ausmachen; ebenso die letzte des vorangehenden und die erste des folgenden Wortes in *kúnde gevólgen, séle gends; dánne dēr tót*.

Die Durchführung dieser Einsilbigkeit der Hebungen und Senkungen erleichtern einige grammatische Freiheiten, durch welche schwache *e*, ja sogar volle Vokale und bei einigen Formwörtern auch Konsonanten weggeschafft werden.

1) Synaloephe oder Schwächung des auslautenden Vokals

vor vokalischem Anlaut (Verschmelzung). Sie tritt ein, wenn auf eins der Wörter *dd jâ wâ swâ bî sî dô sô dû nû* ein Wort folgt, das in der ersten Silbe ein schwaches *e* hat: die vollen Vokale dieser Wörter verlieren dabei ihre Länge: *da enzwischen*. Mehr Beispiele s. bei der Inklination (5) und bei dem Anftakte (§ 29).

2) Elision. Ein schwaches *e* im Auslaut wird von vokalischem Anlaut des folgenden Wortes verschlungen: *drie ist*, *ruoche ich*; steht das folgende Wort in der Hebung, so wird das elidierte *e* gar nicht geschrieben: *dn edeler, sag ich*; aufser in dreisilbigen Wörtern: *wallære unde, lidenne ungenæme*. Vor der Hebung wird übrigens auch Hiatus geduldet: *Fróuwe, éʒ. fride unde suone* (N. 2027, 4).

3) Apokope, Abwerfen eines schwachen *e* im Auslaut vor konsonantischem Anlaut des folgenden Wortes: *min ndhgebûren, sîn hant* (Acc.); *ein schalten*; *dn minen, umb daʒ*; *von hûs dêr, ûʒ Ôsterrîch Liupolt*; *wær mir, hôrt dd*. Ein Konsonant fällt mit diesem *e* weg in der invertierten I. Plur. (§ 8) und in den Konjunktionen *oder, aber*: *od, ab*.

4) Synkope, Auswerfen des schwachen *e* zwischen zwei Konsonanten: *spricht, dunct*; *dienst*; *sins, eins, einʒ*; von zwei gleichen Konsonanten fällt der eine mit dem *e* weg (§ 7). Namentlich tritt Synkope des *e* in der letzten Silbe ein, wenn das folgende Wort vokalisch anlautet: *übr al*; *einr in*; *hüenr und*. Auch das schwache *e* der ersten Silbe (§ 25, 1) wird synkopiert, nicht blofs vor Vokalen wie in *gahtet gêret*, sondern auch vor Konsonanten *gnôʒ glichet bliben*. Doch ist *gelîchen helîben* gewöhnlicher.

5) Inklination. Mehrere kleine häufig vorkommende Wörter werden an ein vorangehendes oder folgendes Wort so angelehnt, dafs sie ihren Vokal verlieren, ja zuweilen auch einen dazwischentretenden Konsonanten: a) die Praeposition *ze*: *zallen, ze einen*; die Praeposition *in* (geschwächt zu *en*, vgl. *enhant*): *hien êrde*; b) die Negationspartikel *ne* (gewöhnlich an das folgende Wort angelehnt mit Umstellung zu *en*): *dêsn mac*; die

in 1) angegebenen Wörter verkürzen davor ihre Länge; *da ensi, son*; *ich* verliert seinen Konsonanten: *ine mac, in weiʒ*; ebenso *joch: jone,* c) die Pronomina personalia: *wiech, deich* aus *daʒ ich, i'ʒ* aus *ich ëʒ, i'u* aus *ich i'u*; *swaʒt uns* (*t = du*), *sttd Atzen*; *do er, da 'r inne, dier, dër* aus *daʒ ër, du in, ërn, ërin, sist, si einen*; *so ëʒ, daʒʒ* oder *deiʒ* aus *daʒ ëʒ, ims niht*; d) der Artikel *diu* oder *die* vor Vokalen: *dandern, dërde, dougen*; *daʒ* wird zu *deʒ* geschwächt und dann verschleift: *gewürme deʒ,* oder ganz inkliniert: *mirʒ houbet*; *dën* verliert sein *d*: *setze en*; *dës* wird an das folgende Wort angelehnt: *shüneges*. Besonders häufig ist die Inklination nach Praepositionen: *inme, ime* (*in dëme*), *ûfme, zem, zer, zen, bien, gëns*; e) *ist: dërst, diust, dast deist deis dëst dës* (*daʒ ist*), *sost*; f) hie: *hinne* (*hie inne*).

6) Die Diphthonge *iu* und *ou* vor *w* können ihre ursprüngliche Kürze wieder annehmen: *iwer, frowe.*

§ 29. Das Accentverhältnis sowie die Einsilbigkeit werden am strengsten beobachtet im Versschlufs. Um so freier ist dagegen der Versanfang, insbesondere die der ersten Hebung vorausgehende Senkung, der Auftakt. Hier finden sich besonders häufig Synaloephen: *da en|sprungen, so ichʒ*; sogar trotz eines dem schwachen *e* vorausgehenden Konsonanten: *do ver'suohten* Walther 11, 19. In den Nibelungen kommt auch zweisilbiger Auftakt vor; doch mufs dann die erste Silbe höher betont sein als die zweite: *und en|phiengen die gëste*; *nu wër | was dër ûf dëm schilde || vor dëm | Wasgensteine saʒ* (2281, 2). Selbst dreisilbiger Auftakt erscheint stets mit gehobener zweiter Silbe: *daʒ habe | dir ze botschefte* (1900, 4) und *Ir wider- | sagt uns nu ze spâte* (2116, 1). Bei Walther ist der zweisilbige Auftakt durch Synkope und Apokope des stummen *e* wegzubringen: *Wëdr* (82, 17), *küngin* (77, 12), *manc* (77, 22) u. a. *Bot* (10, 17).

Sodann wird am Verseingang auch am häufigsten das Accentverhältnis zwischen Hebung und Senkung verletzt: es tritt dann schwebende Betonung ein, welche man dadurch bezeichnet, dafs der Accent auf den die beiden Silben trennenden

Konsonanten gesetzt wird. Ein zweisilbiges Wort, vorn mit betonter Länge steht als Auftakt und erste Hebung: *míne friunt, wiȝȝet daȝ* (N. 1996, 1). Oder auf den Auftakt folgt als erste Hebung und Senkung ein zweisilbiges Wort oder zwei einsilbige mit dem Tone anf der zweiten Silbe: *ēȝ entuo danne der tót* (1224, 3). Oder endlich die letzte Silbe des zweisilbigen Auftakts und die erste Hebung werden durch ein zweisilbiges Wort vertreten, welches den Accent auf der ersten Silbe hat: *het ieman geseit Etzeln* (1803, 2). Alle diese Verletzungen des Verhältnisses zwischen Hebung und Senkung im Auftakte kommen bei Walther nicht vor.

§ 30. Die **Nibelungenstrophe** besteht aus vier Langzeilen, von denen jede durch eine Cäsur in zwei Halbzeilen geteilt wird. Die erste Halbzeile jeder Langzeile hat drei Hebungen, auf deren letzte noch eine Senkung folgen mufs: *Ēȝ tróumde Kriemhílte*; seltener hat sie vier Hebungen ohne die letzte Senkung: *Dó hieȝ sin váter Sigemúnt*. Ausnahmsweise wird die letzte Hebung und folgende Senkung durch eine kurze Stammsilbe und eine Silbe mit stummem *e* gebildet: *lében* (2050, 4). Die zweite Halbzeile begreift drei Hebungen: *sin múoter Sigelint*, in der vierten Langzeile aber vier: *béide wáfen únd gewánt*. Die Langzeilen sind paarweise durch den Reim verbunden. Hat die letzte Hebung tonloses *e* (§ 26), so haben gewöhnlich auch die vorhergehenden Hebungen gleichen Klang, so *Uoten: guoten, Hagene: sagene*; doch reimt auch *Hagene: gademe* oder *degene*. Das Schema der Nibelungenstrophe ist also, wenn wir die Hebungen durch ´, die notwendigen Senkungen durch `, und den gleichen Reim durch gleiche Buchstaben bezeichnen, folgendes:

′ ′ ′ ` ′ ′ ′ a
′ ′ ′ ` ′ ′ ′ a
′ ′ ′ ` ′ ′ ′ b
′ ′ ′ ` ′ ′ ′ b

§ 31. Das gewöhnliche Versmafs der erzählenden Dichtung ist das der kurzen Reimpare, wodurch immer zwei Zeilen von je vier Hebungen mit stumpfem oder von drei, seltener vier mit klingendem Ausgange unter einander verbunden werden. Weit mannigfaltiger ist die Bildung der Strophenformen, der Töne in der gesungenen Dichtung. Aufser der verschiedenen Anzahl und Länge der Zeilen wird diese Mannigfaltigkeit hauptsächlich durch die verschiedenen Arten und Stellungen des Reims möglich gemacht. Der stumpfe (männliche) Reim besteht aus einer hoch- oder tieftonigen Silbe, welche, wenn sie kurz ist, noch eine Silbe mit stummem e hinter sich haben kann: *vol*: *wol*, *lēben*: *gēben*. Der klingende (weibliche) Reim begreift zwei Silben, eine lange und eine mit tonlosem e: *frdge*: *ldge*, *krónen*: *lónen*, oder drei Silben, deren erste kurz ist und deren zweite ein stummes e hat: *gēbenne*: *lēbenne*. Der Anordnung nach können die Reime gepart sein (es reimen dann die aufeinanderfolgenden Zeilen): *aabb*; oder überschlagend (gekreuzt) *abab*, *abcabc*; eder Schweifreime *aabccb*. Zuweilen ist eine reimlose Zeile, eine Waise eingemischt, z. B. W. 48, 10.

Dazu kommen gewisse Reimkünste. Walther gebraucht a) die Binnenreime, durch welche die Verszeile in Abschnitte zerlegt wird, die in derselben oder der entsprechenden Zeile reimen: 6, 32 *In dürstet sére | nách dēr lére | als ēr von Róme é was gewon: dēr im die schancte | und in dá trancte | als é, dá wurde ēr varnde von.* b) die Schlagreime, welche unmittelbar aufeinanderfolgende Wörter unabhängig vom Endreim verbinden: 47, 16 *Ich minne, sinne lange zît*, in einem wahrscheinlich unechten Liede. c) die Pausen, wobei die Silben am Anfange der Zeile mit dem Ende derselben oder einer andern reimen: 62, 10 *ein klósenære, ob ērʒ vertrüege? ich wæne, ēr nein*; oder 67, 24 *lobe ich dēs líbes minne, deis dēr séle leit: si giht, ēʒ si ein lüge, ich tobe.* d) Körner, d. h. Zeilen, welche auf die entsprechenden der nächsten Strophen reimen z. B. 119, 23. e) Kehrreime oder Refrains, Wiederholungen einer oder mehrerer Zeilen in verschiedenen Strophen z. B. 110, 18. 19.

§ 32. Diese Mannigfaltigkeit der Strophenbildung in den Liedern wird von einem allgemeinen Gesetze beherrscht, dem der Dreiteiligkeit. Zwei gleiche Teile, die Stollen bilden zusammen den Aufgesang: der dritte, ungleiche Teil den Abgesang. Zuweilen haben jedoch die beiden Stollen ungleichartige Reime (26, 3), zuweilen auch eine ungleiche Anzahl von Hebungen (78, 24). Auch kommt es vor, dafs der Abgesang zwischen den Stollen steht (26, 3). Der Abgesang wiederholt sich mehrmals hinter der letzten Strophe 74, 16. Ausgenommen von dem Gesetz der Dreiteiligkeit sind hauptsächlich die Tanzlieder, deren Strophen zwei ungleiche Teile haben: z. B. 39, 1.

In allen Strophen (Gesetzen) eines Liedes kehrt dieselbe Form genau wieder. Freier scheinen, und zwar im Auftakt, nur die Sprüche zu sein, die einstrophischen Gedichte moralischen oder politischen Inhalts.

Neben den Liedern gibt es aber noch eine ganz verschieden gebildete Art lyrischer Gedichte, die Leiche. Sie waren ursprünglich religiös und für den Gesang einer Menge bestimmt: daher die redende Person meist nicht mit *ich*, sondern mit *wir* bezeichnet wird. Die Hauptmerkmale des Leichs sind erstens, dafs die Strophenform nicht dieselbe bleibt, sondern mit häufigem Übergang des Sinns aus der einen Strophe in die andere wechselt; und zweitens, dafs die Strophen fast durchaus nicht aus drei, sondern aus zwei und zwar gleichen Teilen bestehen. Die Leiche können einfacher oder kunstvoller gebaut sein; der Walthers (3, 1) gehört zu den schwierigeren.

st. = stark, sw. = schwach; m. = masculinum, f. = femininum, n. = neutrum; (st. m.) || = umlautend, was bei dem Fem. schon aus dem konsonantischen Auslaut des N. Sg. hervorgeht: G. = Genetiv, D. = Dativ, A. = Accusativ; *eines, einem, ein d.* = *dinges, dinge, dinc*; wo im G. der Auslaut des Nominativs verdoppelt oder verändert wird, ist die Endung mit dem Schlufskonsonanten des Stammes in Klammern beigefügt.

A.

d Interjektion an Imperative und Partikeln angehängt: *neind* Nicht doch! *snid sni*

ab, abe Praep. m. D. von; Adv. weg, hinab

abelouf st. m. || Wechsel (Ort, wo das Wild aus dem Wald ins Freie tritt)

âbent (-des) st. m. Abend; *sunewenden d.* Abend vor Sonnenwende

âbentrôt st. m. Abendrot

aber, ab Adv. wieder, nochmals, dagegen; *et aber* doch wieder, doch noch immer; *swie aber* wie auch

abgründe st. n. Abgrund

adel st. n. Adel

æhter st. m. Verfolger; von Gerichts wegen Verfolgter

âventiure st. f. wunderbare Begebenheit, Wundergeschichte; Abschnitt eines erzählenden Gedichtes

aver = aber

after Praep. mit D. nach, über — hin; *a. wegen* dem Wege nach, weg

ahî Interjektion (romanisch = mhd. *hei*)

ahsel st. f. Achsel, Schulter

aht st. f. Schätzung; Stand

ahten sw. beachten, erwägen: *ein d. ahtet mich* etwas kümmert mich, geht mich an

al, flektiert *aller elliu allez* (vor dem Artikel flektiert und un-
flektiert *allen den, a. einen tac; al den tac*) all, ganz, jeder;
nach *dne* irgend ein; G. Plur. *aller* verstärkt den Super-
lativ *allerwiseste wîp*; A. Sing. n. *allez, allez an* Adv. immer-
fort, durchaus; *über al* insgemein, vollständig; Instrum.
alle in *mit alle* gänzlich
al Adv. dient zur Verstärkung vor Adj. *alwdr, al eine*; vor Adv.
al dâ dort, *alher* bis jetzt, *al gelîche* gleichmäfsig, ins-
gesamt; vor Praep. *al über, al umbe*
ald = oder
allenthalben Adv. auf allen Seiten
almuosnære st. m. Verteiler der Almosen; Almosenempfänger
alrêrst, alrêst = *allerêrste* Adv. da erst, jetzt erst, erst recht
alsam Adv. ebenso; gleichwie
alsô, alse, als Adv. und Konj. so, ebenso; wie; als
alsus, alsust Adv. auf diese Weise, so
alten sw. altern, alt werden
alter st. m. Altar
alterseine weltverlassen, ganz allein
althêrre sw. m. alter Herr
alzan = *allez an*
âmeize sw. f. Ameise
an, ane Praep. mit D. und A. an, in, zu, auf; *an arme* im Arm;
an gemach füeren zur Ruhe führen; Adv. an, ein
anbeginne st. n. Anfang
ande sw. m. Zorn, Beleidigung
anden sw. strafen, rügen
ander ander, zweiter; pleonastisch in Vergleichen
anderhalp, anderthalben Adv. auf der anderen Seite
anders adverbialer G. anders, sonst, im übrigen
anderswd Adv. anderswo; anderswohin; nach verschiedenen
Seiten
âne Adv. ledig, mit vorausgehendem G. *des küneges âne* ohne
den König, *eines âne tuon* eines berauben; Praep. mit A.
ohne, aufser; *âne daz* Konj. ausgenommen dafs

anegenge st. n. Anfang
anegengen sw. als Angang, Vorzeichen begegnen
ange Adv. eng, genau, sorgfältig
anger st. m. Rasenplatz
angest st. f. Bedrängnis, Not, Gefahr, Sorge
angesten sw. in Sorge sein *umbe einen*
angestlich gefährlich, gefahrdrohend
antvanc (*-ges*) st. m. Empfang
antwerk st. n. Werkzeug, Maschine
antwürten sw. *eines d.* auf etwas antworten; *einen a.* überantworten, übergeben
ar sw. m. Adler
arbeit, arebeite st. f. Anstrengung, Mühe, Leid
arbeiten sw. sich anstrengen
arc (*-ges*) schlimm, schlecht, nichtswürdig; st. m. Feindseligkeit
arke st. sw. f. Kasten, Truhe
armbouge sw. f. Armring, Armspange
arm arm, unglücklich; *eines a. man* Leibeigener; *gotes arm* gottverlassen, ganz arm
armen sw. arm sein, werden
arnen sw. *ein d.* ernten, die Frucht von etwas empfangen, für etwas büfsen
art st. f. Geschlecht, Abstammung; Art und Weise
arzenie st. f. Heilmittel; Heilkunde
asche sw. m. f. Asche
ātem st. m. Atem

B.

bâbest st. m. Pabst
bâgen st. zanken
balde Adv. schnell; heftig; *b. mugen, suln* mit Inf. Grund haben zu
balsamite st. f. Balsambaum
balsme sw. m. Balsam
balt (*-des*) kühn; keck; rasch

ban (-*es*) st. m. II
banier st. f. n. Fähnlein am Speer
bannen st. excommunicieren
bar entblöfst
bāren sw. auf Bahren legen
barmenære st. m. Erbarmer
barmunge st. f. Erbarmen
barn st. n. Kind (im Verhältnis zu den Eltern)
base sw. f. Vaterschwester
baʒ Adv. Comp. besser, mehr; bei Praep. und Adv. der Bewegung steigernd: *von schare b. ze schare*; *hôher b., nâher b.*
bedaʒ Konj. während
bêde, beide n. *bêdiu, beidiu* beide; *b. — unde* Konj. so wohl — als auch
bedenken anom. *ein d.* auf etwas denken, *einen* für jemand sorgen; *sich b.* überlegen, *eines d.* sich zu einer Sache entschliefsen
bevâhen anom. umfassen, umfangen
bevëlhen st. anempfehlen
bevinden st. erfahren, merken
bevollen Adv. völlig
begân anom. *ein d.* etwas thun, üben, mit einer Sache umgehn; *sich b.* sich Unterhalt verschaffen; leben
begegene Adv. entgegen
beginnen anom. *eines d.* etwas anfangen; mit Inf. zuweilen nur Umschreibung für die (eintretende) Handlung
behaben sw. behalten, behaupten
behagen sw. gefallen, passen
behâhen anom. st. behängen
behalten st. bewahren, aufbewahren; *einen* bewirten
behanden = *bî handen*
beheften sw. bestricken
behêren sw. *sich eines* sich gegen jemand überheben
behern sw. *einen eines d.* berauben
beherten sw. behaupten, erzwingen
behüeten sw. behüten; verhüten

beide s. *béde*
beidenthalp, bédenthalben Adv. auf beiden Seiten
beiten sw. warten; im Zaume halten, zwingen
bejagen sw. erwerben
bekennen sw. kennen; erkennen, kennen lernen; *bekant haben* kennen, wissen; *b. sîn* offenbar, sichtbar sein; *trûren ist mir bekant* ich traure, *mir wirt zürnen b.* ich werde zornig; *b. tuon* kund thun, offenbaren
bekéren sw. umwenden, abwenden, *eines d.* von etwas
bekerkeln sw. einkerkern
beklîben st. fest wachsen, Wurzel fassen
bekomen st. kommen, *einem* begegnen, erreichen
belangen sw. *mich b—t eines* ich verlange, sehne mich nach jemand, *eines d.* etwas verdriefst mich
beleiten sw. begleiten
belîben st. bleiben; unterbleiben
benahten sw. die Nacht zubringen
benëmen st. nehmen: *ëz einem b.* jemand hindern
bër sw. m. Bär
berâten st. *eines d.* versorgen, versehen
bërc (-ges) st. m. *ze bërge* aufwärts
bereden sw. besprechen, von etwas reden; beweisen; *einen eines d.* jemand von einer Anschuldigung befreien
bereit bereit, bereitwillig; Adv. *bereite* bereits
bereiten sw. zurechtmachen; *sich dan b.* sich zur Abreise vorbereiten
bërgen st. verbergen; sichern
berîhten sw. zurechtmachen, herrichten, bestellen; belehren
berinnen st. überströmen
bërn st. tragen; gebären, hervorbringen; *wol geborn* hochadelig
bern sw. schlagen, prügeln
beruochen sw. *einen* sich um jemand bekümmern, sich eines annehmen
bescheiden st. auseinandersetzen; zuweisen; erzählen; auslegen
bescheiden, bescheidenlich verständig, gebührlich

bescheidenlîchen Adv. bestimmt, auf festgesetzte Weise
bescheinen sw. zeigen
beschern sw. zu Teil geben
beschirmen, beschermen sw. durch Parieren beschützen; abwehren
beschœnen sw. verschönen, verherrlichen; beschönigen
beschouwen sw. schauen; *einen ein d. b. lâʒen* einem etwas beweisen
beseme sw. m. Besen
besenden sw. durch Boten zu sich rufen; *sich b.* seine Lehnsleute berufen
besengen sw. versengen
beserken sw. in den Sarg legen
besitzen st. in Besitz nehmen; umlagern
beslieʒen st. ein-, um-, verschliefsen
besorgen sw. mit Sorge bedenken
besperren sw. zusperren
bestân anom. bleiben; ausbleiben; *tôt b.* auf dem Platze bleiben; *einen b.* angehn, angehören; angreifen, oft *mit strîte b.*; *ein d. b.* bestehn, *die warte b.* die Hunde so aufstellen, dafs sie bei der Hetzjagd einander ablösen können
beste Adv. am besten
bestellen sw. in Stand setzen, besetzen
bestiften sw. einrichten
besunder Adv. besonders, abgesondert, einzeln
besuochen sw. nachsuchen
beswœren sw. mit Sorge, Trauer erfüllen, bekümmern, kränken
betagen sw. zu Tage kommen, bringen; den Tag zubringen
bête st. f. Bitte
betiuten sw. deutlich machen, erklären; aussagen
betœren sw. besinnungslos, zum Thoren machen, halten; verspotten
betouben sw. betäuben
betrâgen sw. *mich b—t eines d.* etwas wird mir zu viel, lästig
betrüeben sw. trübe machen; erzürnen
bette st. n. Lager zum Sitzen oder Liegen

bettedach st. n. Bettdecke
bettestat st. f. Lagerstätte
bettewdt st. f. Bettvorhänge, *under die b.* unten an, hinter die Bettvorhänge
betwingen st. bezwingen, zwingen, *ein d. an eìnem* jemand zu etwas
bewæren sw. als wahr beweisen
bewarn sw. behüten, beschützen, *eìnes d.* vor etwas; *ein d.* verhüten, unterlassen; *bewart* gesichert; *an zühten wol b.* in Anstand untadelig
bewarten sw. mit einer Wache besetzen
bewêgen st. *sich eines d.* sich einer Sache entschlagen, sich von etwas lossagen
bewenden sw. zuwenden, geben; *bewant* geartet, sich belindend, ausschlagend; *ze sorgen b.* sorgenvoll
bewinden st. umwinden
bewîsen sw. zurechtweisen, belehren, *eines d.* über etwas
bezeigen sw. bezeichnen, anzeigen
bezimbern sw. bauen, bereiten
bezîte = *bî zîte* bei Zeiten, bald
bezoc (*-ges*) st. m. Unterfutter
bî Praep. mit D. bei, mit; *bî einem wêsen* mit einem verkehren; *wunder bî ungefuoge* Wunderbares und dabei Ungeheures; *bî drîʒic phunden* an, gegen 30 Pfund
biderbe tüchtig, edel
bieten st. bieten, anbieten; *ein d. an einen b.* einem etwas anbieten; *genâde b.* Dank sagen; *lougen b.* läugnen; *die hant b.* mit Handschlag geloben; *sich einem ze füeʒen b.* einem zu Füfsen fallen; inständig bitten; huldigen
bilde st. n. Bild, Zeichen; Vorbild
billîche Adv. mit Recht, von Rechtswegen
binden st.; *daʒ gebende b.* den Kopfputz anlegen; *einer b.* einer jungen Frau den Kopfputz anlegen, welcher sie von den Jungfrauen unterscheidet; *ze beine b.* gering achten; *den hëlm ûf b.* den Helm, der mit Riemen unter dem Kinne befestigt wurde, aufsetzen; *zelte ûf b.* aufspannen

birge st. n. = *gebirge*
birsære st. m. Jäger
hirsen s. *pirsen*
bispel (*-les*) st. n. Fabel, Gleichnis; Sprichwort
biten anom. bitten, gebieten, befehlen; *eines d.* um etwas bitten
bíten st. warten, *eines d.* auf etwas
bitterlichen Adv. schmerzlich, ingrimmig
biʒ Adv. bis
blá (*-wes*) blau
blásgeselle sw. m. Mitbläser
blecken sw. sichtbar sein, blofs liegen
bleichen sw. bleich sein, werden
blicken sw. blitzen; blicken
blíde Adj. und Adv. froh; freundlich
blœde schwach, schwachsinnig
blóʒ entblöfst, besonders ohne Kleider und Waffen
blüemen sw. wie mit Blumen verzieren
bluome sw. m. Blume, Blüte
bluot st. m. Blüte
bluotvar (*-wes*) blutgefärbt
buneiʒ s. *puneiʒ*
bœse niedrig, verächtlich, schändlich, schlimm, geizig; Adv.
    bœslíchen übel, schlimm
borte sw. m. Band von Seide oder Goldfaden
bosch st. m. Busch
bósen sw. böse, schlimm sein, werden
botenbrót st. n. Lohn für überbrachte Nachricht
bouc (*-ges*) st. m. Ring, Spange
bóʒen sw. klopfen, pochen, schlagen
brá st. sw. f. Augenbraue
bracke sw. m. Spürhund
brant (*-des*) st. m. II Feuerbrand; Brand
brëchen st. intrans. brechen; dringen; trans. brechen, durch-
    brechen, reifsen; *den wurf mit sprunge b.* über das Wurf-
    ziel hinaus springen

breiten sw. ausbreiten
brëste sw. m. Mangel
brësten st. brechen (intrans.)
brief (-ves) st. m. Brief, Zettel; Schuldbuch
briefen sw. niederschreiben
bringen anom. bringen; vollbringen; *inne bringen eines d.* etwas merken lassen
brinnen st. brennen
bris s. *pris*
brogen sw. sich bäumen; trotzen, sich übermütig benehmen
brüeven, prüeven sw. zurechtmachen, rüsten, hervorbringen; untersuchen
brunne sw. m. Brunnen, Quelle, frisches Quellwasser
brünne, brünneje, brünege st. f. Panzerhemde aus Stahlringen
brût st. f. Braut, junge Frau
brûtmiete st. f. Brautlohn, Mitgift
buckel st. m. sw. f. halbkugelförmiger Erzbeschlag in der Mitte des Schildes
büezen sw. *ein d.* ein Übel, einen Mangel beseitigen, abstellen; *einem eines d.* jemand von etwas befreien
buggerdmen sw. mit *buckeram* (einem kostbaren Stoff aus Ziegenhaaren) bekleiden
buhurdieren sw. den *buhurt* reiten
buhurt st. m. ritterliches Kampfspiel, wobei man in Scharen mit Speeren auf einander ansprengte
bunt Adj.; als Subst. eine Art Pelzwerk
buoʒ st. m. *mir wirt, ist eines d. b.* ich werde, bin für etwas entschädigt, von etwas befreit
burc (-ge) st. f. Burg; Stadt
busûnen sw. posaunen
butze sw. m. Schreckbild; Unhold oder ein so verkleideter Mensch

C. s. K.

D.

dd Adv. da, dort; wo; auch durch Attraktion = *dar dd* dahin wo; im Eingang erläuternder Antworten; demonstrativ vor Ortsbestimmungen mit Praep.: *dd ze Becheldren*; vor Adv. und Praep. um diesen demonstrative oder relative Beziehung zu verleihn: *dd bî* daneben, *dd mite*, *von*, *zuo*; *dar* vor Vokalen und einigen Konsonanten; *dar an, in, inne, über* überdies, *umbe, under* dabei, darüber, unterdessen, *ndch, zuo* aufserdem, dahin, darauf; abgeschwächt *der*: *derfûre* davor, hervor und synkopiert *drunder*; zuweilen anstatt eines persönlichen Pron.: *die minneclichen dâvon* von welcher . . *im geschach*; verstärkend bei Pron. relat.
die ër dâ hete gewunnen, swër der
dagen sw. schweigen
danc st. m. Dank; *d. hân* Lob und Preis erhalten; *habe danc!* gut gemacht! *d. sagen* preisen; *dankes* mit Willen, gern; *dne danc* wider Willen
danne, denne, dan Adv. dann; alsdann; also; nach Komparativen als; in Konditionalsätzen mit oder ohne *ne* aufser: *ich enwolde in danne liegen* aufser wenn ich löge
dannen, dane, dan Adv. hinweg, von da, fort, bei Seite
dannoch Adv. noch immer, noch; beim Pract. damals noch
danwert Adv. wegwärts, hinweg
dar Adv. dahin, dazu, hin, her; wohin, wozu; mit Attraktion = *dar dd* s. *werben*; *nû dar* nur zu! drauf!
decke blôʒ decke die Blöfse!
declachen st. n. Bettdecke
dëgen st. m. (Knabe) Held
dëgenheit st. f. Heldenhaftigkeit, Tapferkeit
dëgenliche Adv. heldenhaft
dehein, hein, dekein, kein irgend ein, kein; *deheiner nie* keiner je
deiswdr, dëswdr = *daʒ ist wdr* wahrhaftig
denkelin st. n. kleiner Dank
denken anom. denken, gedenken; *eines d. d.* etwas sich vornehmen; mit Inf. oder mit *ze* und Inf. wollen

dër diu daʒ 1) Pron. demonstrativum: dieser, der; zuweilen unmittelbar hinter dem Subst.: *Sifrit dër fuorte ir einen*; nach dem Sinne konstruiert: *swaz ich freuden héte diu liget*; 2) relat. welcher, der; zuweilen = demonstr. und relat. *dne dies (die die ës) é pflâgen*; mit Attraktion: *alles dës ich ie gesach (dës daʒ)*; wenn jemand: *dër sln héte gegert ze koufen . . was ër wol wert*; 3) Artikel: der; zuweilen mit st. flektiertem Adjektiv, besonders dem Pron. poss.: *die mine mâge*; nach dem Subst. mit dem Adj.: *golt daʒ rôte*, mit dem Gen.: *phant daʒ Kriemhilde*; vom Subst. durch den G. getrennt: *daʒ Siglinde kint*; mit Praep. zur Bezeichnung der Herkunft: *dër von Spâne, die von Berne*; vor praedikativem Adj.: *Etzel was dër küene*. Kasus als Partikeln: Acc. Sing. n. *daʒ* in Inhaltssätzen, Folgesätzen: so dafs, in Absichtsätzen: damit, in Ausrufesätzen: dafs doch; mit Praep. *durch daʒ* deshalb weil, damit; mit Zeitadv. *é daʒ* bevor, *unz daʒ* bis; G. *dës* deshalb, darüber, darauf, dazu; Instrum. *diu* nach Partikeln: *sit diu* seitdem; vergleichend in *diu baʒ* um so mehr, *diu geliche* demgemäfs

dëste (= dës diu), dëster um so mehr, desto
dewëder irgend einer von zweien; keiner von beiden
dicke, dike Adv. oft
diemant st. m. Diamant
dienen sw. dienen, *ein d.* durch Dienst erwerben, vergelten
dienest st. m. und n. Dienst, Dienstwilligkeit
dienstlichen, dienstlich dienstbar, dienstbeflissen
dienstman st. m. Lehnsmann, Ministeriale
diet st. f. Volk, Leute
dieʒen st. schallen, rauschen
dinc (-ges) st. n. Sache
dingen sw. gerichtlich verhandeln, Vertrag schliefsen
dingen sw. hoffen
dishalben, dishalp Adv. auf dieser Seite
diu st. f. (G. diuwe) Dienerin, Magd
dô, duo Adv. und Konj. da; als

doch Konj. doch, jedoch; in Koncessivsätzen: auch
doln sw. dulden, leiden
dôn st. m. II Ton, Melodie, Lied
dœnen sw. tönen
dörpellich bäurisch
dörperheit st. f. bäurisches Wesen, Rohheit
dôʒ st. m. II starker Schall, Krach
drâte Adv. eilig, alsbald
drœjen sw. wirbeln
drœte schnell
drien sw. zur Drei machen
dringen st. *einen* drängen
driunge st. f. Dreiheit
drô st. f. Drohung
dröuwen sw. drohen
drûch, drû st. f. Falle, Fangeisen
drüʒʒel st. m. Kehle
dûf st. f. (*diuve*?) Diebstahl
dulteclich geduldig
dulden, dulten sw. erleiden, erfahren
dumme, in nomine d. = *domini*
dunken anom. *einen* dünken, scheinen
duo = *dô*
durch, durh Praep. mit A. durch; wegen, zu, um — willen, aus (Beweggrund); *dur daʒ jâr* das ganze Jahr hindurch, jahraus jahrein
durchsüeʒen sw. durchaus lieblich machen, mit vollem Reize schmücken
durfen anom. *eines d.* bedürfen; mit Inf. notwendig haben, Ursache zu etwas haben; brauchen; *dörften nimmer bestân* thäten besser nicht anzugreifen
dürfte st. f. Bedürftigkeit
dürkel durchbohrt, durchlöchert
duʒ- (*ʒes*) st. m. II Schall
dûʒe Adv. da aufsen

E.

é Adv. früher, vordem; Konj. auch mit *daʒ* bevor, ehe, lieber als dafs
é st. f. herkömmliches Recht, Gesetz; Stand
ëben gleichmäfsig, passend
ëbenære st. m. Gleichmacher
ëbencristen st. m. Mitchrist
ëbene Adv. gleichmäfsig, ruhig; so eben; *in eben einem* neben
ëbenstarc gleichstark
ëberswîn st. n. Eber
égëster Adv. vorgestern
éhaft gesetzmäfsig; begründet, wahrhaft
eht, et, ot Adv. nur; eben, doch
eiden sw. beschwören, mit einem Eide verpflichten
eigen eigen; hörig, leibeigen: *eigen man*; st. n. Eigentum, Grundeigentum. Adv. *eigenlîchen* als, wie ein Leibeigner
einer einiu eineʒ Zahlwort: unflektiert in *ein ander* einer dem, den andern; *über ein* insgesamt, durchaus; *einer niht* nicht ein einziger; *min eines hant* ich allein; der unbestimmte Artikel, auch im Plur. gebraucht: *ze einen sunewenden*; zuweilen wo wir den bestimmten Artikel setzen: *an einen sant* an das Ufer, *grüener danne ein gras* als das Gras; vor Superlativen mit dem bestimmten Artikel verbunden: *ein dër allerbeste* einer der allerbesten; *ein* fehlt nach *ie*, *iemer*: *ie fuoʒ* je einen Fufs
eine Adv. allein, einsam; *eines d. e.* beraubt einer Sache, ohne etwas
einhalp Adv. auf der einen Seite
einic (-ges) einzig
einlætic (-ges) gleich- und vollgewichtig
einest, einst = eines adverbialer G. einmal
einunge st. f. Einheit
eischen st. verlangen, fordern
eislich schrecklich, furchtbar
ecke st. f. Schneide, Schärfe

ëlch st. m. Elentier

ellen st. n. auch Pl. (Eifer) stürmische Kraft, Tapferkeit

ellende fern von der Heimat, fremd, verbannt, unglücklich; st. n. Fremde, Verbannung

ellenden sw. *sich* auswandern

ellenhaft, ellenthaft stürmisch, mut- und kraftvoll

en s. *ne*; s. *in*

enbērn st. *eines d.* ohne etwas sein, nicht haben, frei bleiben von

enbieten st. sagen lassen, *bi einem* durch jemand; *dienst e.* Dienstbereitschaft melden lassen

enbiʒen st. (*bin enbiʒʒen*) Mahlzeit halten, frühstücken

end = *é* Adv. und Konj. ehe

ende st. m. und n. Ende: *an dëm e.* zuletzt; *unz an dën e.* bis zuletzt; oft *ein e.* das Ende, *dést ein e.* das steht fest, *eines d. an ein ende kumen* vollständig erfahren, *ein e. gëben eines d.* vollständig erzählen, *ëʒ hát ende an uns* wir haben zu Ende gebracht; *an allen e.* nach allen Seiten hin, *viern enden* an vier Enden

endelichen, endeclichen Adv. vollständig, sicherlich, entschieden

enden sw. beenden, vollenden

ëner = *jëner*

eneim, eneine Adv. zusammen; *e. wërden eines d.* etwas beschließen

engán anom. entgehn

engegene, enkegene Adv. entgegen

engëlten, enkëlten st. *eines d.* für etwas entgelten, büßen, Nachteil von etwas haben

engestlich gefahrvoll

engieʒen st. ausgießen

enhant, enhende Adv. in der, in die Hand

enheinez = *ne deheineʒ*

enmitten Adv. inmitten, in der Mitte; *enmitten zwei* mitten entzwei

enouwe Adv. stromabwärts

enphâhen anom. empfangen, aufnehmen, willkommen heißen *in ein lant*

enphëlhen st. anempfehlen

enphinden st. *eines d.* etwas merken, fühlen
enpflëgen st. *eines* umgebn mit, sorgen für
enphliehen st. entfliehen
ensamt Adv. zusammen
enthalten st. aufhalten, fassen; *sich* Halt machen, halten
entladen st. ausladen
entrennen sw. trennen
entrihten sw. in Unordnung bringen
entrinnen st. entfliehen
entriuwen Interj. traun, wahrhaftig
entsliezen st. aufschliefsen, öffnen
entstân anom. verstehen, einsehen, bemerken
entsweben sw. einschläfern
entswëllen st. abnehmen; besänftigt werden
entwâfen (eigentlich *-fenen*) sw. die Rüstung abnehmen
entwenen sw. entwöhnen
entwern sw. *eines d.* etwas nicht gewähren, versagen
entwësen st. *eines d.* ohne etwas sein
entwich st. m. Flucht, Entweichung
entwichen st. weichen, *einem ëʒ hëlfe* von jemandes Verteidigung
entwonen sw. sich entwöhnen
enwëder keiner von beiden
enwiht s. *wiht*
enzünden sw. anzünden
enzwischen Praep. mit Dat. und Adv. zwischen
ër siu ëʒ Pron. der III Person, im D. *im, ir, in* auch reflexiv;
    ëʒ als unbestimmtes Subjekt bei Impersonalien; bei invertierten Sätzen der III Person vorausgeschickt; vor dem Prädikat eingeschaltet: *ich bınʒ Hagene*; als unbestimmtes Objekt s. *ëʒ vriden, süenen, wol tuon* u. a.
ër vor Namen und Titeln = *hër*
erarnen sw. = *arnen*
erbarmen sw. *einem, einen* jemand zum Erbarmen bewegen
erbeit = *arebeit*
erbeiten sw. *eines* jemand erwarten

erbeizen vom Pferde absteigen
erben sw. vererben
erbermde st. f. Barmherzigkeit
erbieten st. erweisen, *ez einem güetliche, minnecliche* einem Freundlichkeit erweisen
erbinden st. losbinden
erbiten anom. durch Bitten erlangen
erbiten st. warten; *eines, eines d.* jemand, etwas erwarten
erblenden sw. blenden
erborn geboren, angeboren
erbrinnen st. anbrennen (intrans.)
erbunnen anom. *einem eines d.* einem etwas mifsgönnen
erbürn sw. erheben
erdiezen erschallen; von lebenden Wesen: aufschreien, brüllen
erdringen st. durch Drängen gewinnen
erdürsten sw. verdursten
erdwingen s. *ertwingen*
ere st. f. oft Plur. Ansehn, Ruhm, besonders Kriegs- und Siegesruhm; Herrlichkeit, Anstand und Pracht; edle Gesinnung; Ehre; *dur é.* um der Ehre willen, *dur eines é.* jemand zu Ehren; *nâch éren* auf ehrenvolle Weise, in Ehren
ervarn st. durchfahren; erforschen, *an einem* bei einem
ervellen sw. fällen, niederhauen
ervinden st. gewahren; kennen lernen, erfahren; *bi einem* durch jemand, *an einem* jemand etwas abfragen
erfiuhten sw. feucht machen, erfrischen
ervollen sw. *den muot* die Lust befriedigen
erfüllen sw. füllen; Kleider: mit Pelz füttern
erfür = *herfür*
ervürhten sw. fürchten
ergâhen sw. ereilen
ergân anom. ergehn, geschehn; enden, ausschlagen
ergëben st. übergeben, in die Gewalt geben
ergetzen sw. *einen eines d.* (*ein d.*) jemand etwas vergessen machen, für etwas entschädigen

erglesten sw. erglänzen
ergraben st. eingraben, gravieren
erheben anom. aufheben, anfangen; mit erhabner Arbeit verzieren
erhëllen st. erschallen, tönen
erhœren sw. hören
erholn sw. *sich* sich aufraffen, versäumtes einbringen
erhouwen st. aufhauen
eriteniuwen sw. erneuen
erkennen sw. kennen; erkennen; *erkant* bekannt, erprobt; *úʒerkant* = *úʒerkorn*
erkiesen st. ausersehn, auserwählen; *úʒerkorn* auserlesen
erkósen sw. *sich* sich plaudernd unterhalten
erkrimmen st. mit den Krallen zerhacken
erkunnen sw. erforschen, erfahren
erkülelen sw. abkühlen, kühl machen
erkuolen sw. kühl werden
erlaben sw. laben, erquicken
erldʒen st. *einen eines d.* einem etwas erlassen
erlësen st. herauslesen
érlich ehrenvoll, ansehnlich, vortrefflich; Adv. *érlichen*
erliden st. sich gefallen, geschehen lassen
erliuten sw. laut werden; von Hunden: zu bellen beginnen
erloufen st. im Lauf erreichen
ermanen sw. *einen eines d.* jemand an etwas erinnern
ermen sw. arm machen
ermordern sw. ermorden
ernern sw. am Leben erhalten
ërnestlichen, ërnslichen Adv. kampfbereit
erniuwen sw. erneuen; *sîn vart wart erniuwet von heiʒem bluote naʒ* seine Fährte war frisch beschneit, frisch begossen mit heifsem, nassem Blute
érre früher
errëchen st. vollständig rächen
erreiʒen sw. aufreizen
erschamen sw. *sich* sich zu schämen beginnen, voller Scham werden

erscheinen sw. zeigen
erschëllen st. erschallen; sw. erschallen lassen
erschrëcken st. und sw. *erschricken* sw. zusammen-, zurückfahren; erschrecken, in Schrecken geraten
ersëhen st. gewahren, merken
ersmielen sw. zu lächeln anfangen
ersprengen sw. zum Springen bringen, aufjagen
ërst Ordinale der Einzahl; *zem, von ërsten* zuerst; *ërste* Adv. erst, zuerst
erstërben st. sterben
erstriten st. durch Streit erlangen, bewirken
ersuochen sw. prüfen
erteilen sw. urteilen, *einem* zusprechen
ertoben sw. zu rasen beginnen, *des muotes* im Geiste; *ertobt* rasend geworden
ertœren sw. zum Thoren machen, von Sinnen bringen, betäuben
ertôren sw. zum Thoren werden
ertwingen, erdwingen st. erzwingen, zwingen
erwagen sw. sich hin und her bewegen
erwarmen sw. warm werden
erwegen sw. bewegen, erregen
erwenden sw. zum Abstehn bringen; *eines d.* von einer Sache abbringen; *ein d.* abwenden
erwërben st. erwerben, ausrichten
erwern sw. abwehren
erwigen ermattet, erschöpft
erwinden st. abstehn, umwenden; *eines d., an einem d.* von einer Sache ablassen
erzeigen sw. zeigen, aufweisen
erzenîe st. f. Arzneikunst
erziehen st. aufziehn; züchtigen
erziugen sw. beweisen, zeigen
erzünden sw. entzünden, entflammen
erzürnen sw. zornig werden
ëteslich, ëtelich mancher, irgend einer
ëteswenne, ëttewenne Adv. irgend ein Mal, manch Mal

F. V.

vach st. n. Reihe von Faden, Ringen u. a.
vaden st. m. Faden
vdhen anom. fassen, ergreifen, gefangen nehmen; *ane v.* anfangen; *ich vdhe ze mir* ziehe an mich
val (-les) st. m. II Fall; *der tœtliche v.* der Tod; *ze valle gëben* ins Verderben stürzen
val (-wes) fahl, entfärbt, blond
vdlandinne st. f. Teufelin
vdlant (-des) st. m. Teufel
falde st. sw. f. Tuch zum Einschlagen von Kleidern
vallen st. fallen; zufallen
valsch falsch, treulos; st. m. Falschheit, Treulosigkeit; falsches Geld
valwen sw. fahl werden
vane sw. m. Fahne
vanke sw. m. Funke
var (-wes) farbig, gefärbt; *ndch einem d.* von etwas gefärbt
vdr st. f. Nachstellung; *einem ze vdre* zu eines Verderben, gegen jemand
vdren sw. lauern, trachten, streben
væren sw. nachstellen
varn st. sich fortbewegen; fahren, ziehn, reisen; *varende* herumziehend: vergänglich; fähig zu gebn, gesund; *v. guot* bewegliche Habe; *v. diet* wandernde Sänger; *mit einem v.* mit einem umgehn, *mit einem d.* mit etwas verfahren; *ëʒ vert umbe einen* es geht, steht mit einem; *wol v.* sich wohl befinden; *sldfen v.* schlafen gehn; *ich bin gevarn* mir ist es ergangen
vart st. f. II Fahrt, Weg; Spur; *an die v.* auf den Weg
varwe st. f. Farbe, Bemalung
vaste Adv. fest, dicht, nahe; stark, sehr
vastenkiuwe st. f. Fastenspeise
vaterlíchen Adv. väterlich
vaʒʒen sw. fassen, ergreifen, nehmen

vēch (-*hes*) bunt
vēdere sw. f. Feder; Plur. flaumiges Pelzwerk
vēhten st. fechten; kämpfen; sich abmühn; *ane v.* beunruhigen
veige dem Tode bestimmt, verfallen; eben getötet; Adv. *veicliche* hinfällig
vellen sw. fällen, zu Falle bringen
velsche st. f. Falschheit
velschen sw. fälschen, für falsch erklären; *gevelschet varwe* Schminke
vēltgebû st. m. oder n. bestelltes Feld
vēnster st. n. Fenster, Fensteröffnung
verbērn st. unterlassen, vermeiden
verbieten st. verbieten; zu hoch verwetten
verbinden st. festbinden, aufbinden
vērch st. n. innerstes Leben, Sitz des Lebens
vērchbluot st. n. Lebensblut, Herzblut
vērchgrimme so wütend, dafs es ans Leben geht, todesgrimmig
vērchtief tief bis aufs innerste Leben
vērchwunde sw. f. Todeswunde
vērchwunt (-*des*) todwund
verdagen sw. verschweigen, *einen ein d.*; *verdaget sin eines d.* mit etwas verschwiegen sein, zurückhalten
verdenken anom. *sich* sich bedenken, vorsehn
verdienen sw. (durch Dienst) erwerben, vergelten; sich verdienen
verdiezen st. austönen, verhallen
verdriezen st. *mich verdriuzet* mir wird zuviel; *eines, eines d.* jemand, etwas fällt mir lästig
verdringen st. verdrängen
vereinen sw. vereinigen, *sich eines d.* sich aneignen
vereischen st. sw. erfahren
vereiten sw. verbrennen, durch Feuer verwüsten
verenden sw. zu Ende bringen; zu Ende kommen; enden
vervdhen anom. *einen* fördern, einem helfen
vervarn st. vergehn

vervælen sw. verfehlen, nicht treffen
vervellen sw. zu Falle bringen
vergán anom. *einen* vorübergehn an, entgehn
verge sw. m. Fährmann
vergëben st. *einem* Gift geben, vergiften
vergëbene Adv. vergebens, umsonst
vergëlten st. zurückzahlen, bezahlen
vergëȝȝen st. *eines d.* etwas vergessen; *sich an einem d.*, sich irren in; *vergëȝȝen* Part. Praet. vergefslich, gedankenlos
vergiseln sw. *einen* verpfänden, zum Pfande geben
verguot Adv. (= *vür guot*) *nëmen* annehmen, vorlieb nehmen
verhëln st. *einen ein d.* einem etwas verheimlichen
verhéren sw. durch Hoheit entfernen
verholne Adv. heimlich
verhouwen st. in Stücke hauen, verwunden, erschlagen
verjëhen st. *eines d.* etwas aussagen, bekennen; versprechen; *einem eines d.* einem etwas nachsagen, zugestehn
verirren sw. irre führen, *einen eines d.* berauben
verkebesen sw. zum Kebsweib machen, Kebse nennen
verkéren sw. verändern, umwandeln; besonders zum schlimmen; übel deuten, verdrehen
verkiesen st. *ein d.* aufgeben; *ûf einen* einem verzeihen
verklagen sw. *einen* zu beklagen aufhören, verschmerzen
verklûsen sw. in eine Klause einschliefsen
verláȝen st. loslassen; unterlassen, lassen, verlassen
verliesen st. verlieren, verderben; nutzlos thun
verligen anom. liegend versäumen; Part. *verlëgen* in Trägheit versunken, verwahrlost
verlisten sw. überlisten
vermelden sw. verraten
vermëȝȝen st. sich das Mafs seiner Kräfte zu hoch anschlagen, *eines d.* sich einer Sache erkühnen; Part. Praet. kühn
vermîden st. ausweichen, *ein d.* unterlassen
vermissen sw. verfehlen, fehlgehn, versehn
vernëmen st. erfahren, hören, *von einem, umbe einen* über jemand

verphlëgen st. aufhören zu pflegen, aufgeben
verphlihten sw. **sich ze einem d.** sich hingeben, teilnehmen an
ferrans st. m. Zeug von Seide und Wolle, Ferrandine
vërre fern, entfernt, weit; Adv. fern, weithin, *vërre dan*; bei Komparativen: weit; Superl. *vërrist* Adv. in der weitesten Ferne
vërren sw. *einem* entfernen, entfremden von
verrihten sw. schlichten, in Ordnung bringen; zerstören (?)
verrücken sw. aus der Stelle bringen, verrücken
versagen sw. abschlagen; *einem v.* oder *dienst v.* Dienstbereitschaft aufkündigen
verschallen sw. überlärmen, übertönen
verschampt sich nicht mehr schämend, schamlos
verschelken sw. knechten, erniedrigen
verschragen sw. durch schrägstehende Balken einschliefsen; einem einen Knüppel zwischen die Beine werfen
verschrenken sw. mit Schranken umziehn
verschrôten st. zerhauen; zerschneiden, kurz schneiden
verschulden sw. verdienen; eine Schuld abzahlen
versëhen st. *sich* vermuten, *eines d.* auf etwas rechnen
verséren sw. verletzen
versinnen st. *ein d.* merken, *sich* sich besinnen, nachdenken; *sich eines d.* sich einer Sache bewufst sein, etwas bemerken
versitzen anom. *ein d.* sitzend, wohnend versäumen; Part. *versëzzen* falsch, übel niedergesessen
versmâhen sw. *einem* geringfügig vorkommen, gleichgiltig, zuwider sein
versnîden st. durchschneiden, verwunden; verkürzen
versolden sw. besolden, beschenken
versoln sw. verschulden, verdienen; vergelten
versparn sw. schonen
versprëchen st. verreden, abweisen
verstân anom. wahrnehmen, bemerken; *ze arge* als Feindschaft auslegen; *sich v.* verstehn, sich besinnen, *eines d.* bemerken; Part. *verstân* verständig

verstëln st. wegstehlen
versûmen sw. vernachlässigen, *sich v.* säumen, saumselig sein
versuochen sw. versuchen, erproben; besonders *sich v.* durch
 Angriff und Kampf sich mit jemand messen; *ēʒ an einem v.*
 sich an jemand machen
verswachen sw. herabsetzen, schänden
verswenden sw. verschwinden machen
verswenken sw. wegschwingen, *gâbe* freigebig austeilen
verswern anom. verschwören
vërt Adv. voriges Jahr, im vorigen Jahre
vertragen st. hingehn lassen, ertragen
vertrîben st. wegtreiben, abtreiben
vertuon anom. verbrauchen; weggeben
verwænen sw. *sich* glauben, *sich eines* jemand zu finden erwarten
verwarren dialektisch für *verworren* Part. Praet. von *verwërren*
verwæjen st. (wegblasen) verderben; verfluchen
verwëgen st. *sich eines d.* sich zu etwas entschliefsen
verweisen sw. verwaisen, berauben
verwenden sw. hinwenden, hingeben
verwësen st. vernichten
verwieren sw. mit Gold oder Edelsteinen durchlegen
verwinden st. verschmerzen
verwîʒen st. zum Vorwurf machen
verzagen sw. von einer That abstehn, zurückweichen; *eines d.*
 aufgeben, versäumen
verzîhen st. aufgeben, verzichten auf
verziln sw. durch Zielen verderben
verzinsen sw. *ein d.* Zins geben für, von
vesten (*-enen*) sw. befestigen, versichern, zusichern
veter sw. m. Vatersbruder
veʒʒel = *schiltveʒʒel*
viant, vient, vînt (*-des*) st. m. Feind; Komp. *vînder* feindseliger
videlære st. m. Fiedler, Geigenspieler
videle sw. f. Fiedel, Geige
vil Adj. nur im unflektierten n. vorhanden; mit G. wo wir 'viel'

adjektivisch gebrauchen: *vil der riche* viele Reiche; Adv. sehr, vor Kompar. viel

villen sw. schinden, geifseln, strafen

vinden st. finden, antreffen, erfahren, *an einem* an oder von einem erfahren, erproben

vingerlin st. n. Fingerring

vinster st. f. Finsternis

fiuhte st. f. Feuchtigkeit, Nafs

viur st. n. *ze viure komen* (an den Herd) aufgenommen werden

viuwerstat st. f. Feuerstätte

vlégen, vléhen sw. demütig und inständig bitten, flehen

vliesen = *verliesen*

vlieʒen st. fliefsen, schwimmen, vom Wasser getragen werden

flinsherte kieselsteinhart

vliʒ st. m. Eifer, Sorgfalt; *v. hân eines d.* Fleifs, Sorgfalt auf etwas wenden; *ze flîʒe* eifrig, sorgfältig

flîʒecliche, -lich Adv. eifrig, sorgfältig

flîʒen st. auch *sich fl.* eifrig sein; *eines* für jemand sorgen, *eines d.* etwas eifrig betreiben

vloite sw. f. Flöte; *vloitieren* sw. Flöte blasen

vlüetic (-ges) flutend, strömend

vluot st. f. Flut, strömendes Wasser; *bî der fluote* am Strande

vluʒ (-ʒes) st. m. Il das Fliefsen, Strömen

vogel, vogt, voit st. m. Vormund, Verweser, Schirmherr, Fürst

vol (-les) Adj. voll, vollständig; *vol, vollen* Adv. völlig, ganz, bis zu Ende; *vol sprechen* ausreden; *vol komen* bis hin gelangen

volc st. n. Volk, Heer, Heerschar

volfilegen sw. vollständig machen, vollenden

volge st. f. Nachfolge; Zustimmung

volgen sw. folgen, begleiten, einholen; auch *mite v.*; *eines d. v.* in etwas gleichkommen; etwas befolgen

volle sw. m. Fülle, Vollständigkeit; *nuch endûhte niht der v. an* euch schien es nicht genug zu sein mit; *mit vollen* in Fülle, völlig

volleclích Adj. und Adv. völlig; *vollecliche* Adv. ganz, durchaus
vollemëʒʒen vollständig, vollgewichtig
volrecken sw. ganz sagen
volziehen st. *eines d.* etwas ausführen
von Praep. mit D. von, von — her, von — weg, von — heraus, aus, wegen
vor Adv. vorn; vorher; Praep. mit D. vor
vorhte st. f. auch Plur. Furcht, *ʒe einem* oder *an einen* vor einem
vorhtlich furchtbar
vrdgen sw. *eines* oder *eines d.* nach einem, einer Sache
vrevellíchen Adv. kühn; mutwillig
vreveln sw. gegen das Recht handeln
vreischen st. erfahren, vernehmen
freislich, freissam schrecklich, gefährlich; Adv. *freislichen*
vremde, vrömde fremd, fern, unbekannt, selten
vremden sw. meiden
freudehëlfelôs dem niemand zur Freude verhilft
vrî frei, *v. von* ohne; *sprüche v.* sorglos im Reden, freimütig
vride st. m. Frieden, Waffenstillstand, Schonung
vridebœre friedliebend
vriden sw. *êʒ v.* Frieden schaffen; *einen v.* beschützen
vriedel st. m. Liebster, Geliebter
vrist st. f. Zeitraum
vristen sw. unversehrt erhalten; verzögern, versparen
vrîthof (-ves) st. m. Vorhof, Kirchhof
vriunden sw. Freunde suchen, sich befreunden
vriunt (-des) st. m. Freund, Verwandter; Gefolgsmann; Freundin, Geliebte
vriuntlich freundlich; Adv. *friuntliche* in der Weise eines Freundes, gütig, in Liebe
vriuntschaft st. f. Freundschaft, Verwandtschaft
vrô Adj. und Adv. froh, *eines d.* über etwas, einverstanden mit
vrôn dem Herren, besonders Gott gehörig, heilig
frônebœre heilig
frônebote sw. m. Abgesandter des Herrn, Gerichtsbote

vröude st. f. oft Plur. Freude, Vergnügen
vröuwen, vreuwen sw. erfreuen; *sich eines d.* sich über etwas freuen
vrouwe, vor Namen: *vrou, vrô*, sw. f. Herrin, Dame, Frau; *hêre frouwe!* heilige Mutter Gottes!
frouwelîn st. n. junges Mädchen oder Mädchen niederen Standes
früeje, fruo Adv. früh
vrum tüchtig; st. sw. m. (im Reim auch *vrun*) Vorteil, Nutzen
vrümekeit st. f. Tüchtigkeit
vrumen sw. fördern, schicken, schaffen; *einem* helfen; bei praedikativem Adj. machen: *tôt fr.* totschlagen; *vallen frumen* zu Falle bringen
füegen sw. trans. verbinden, *einem ein d.* zu teil werden lassen, bescheren; mit Inf. oder Nebensatz: bewirken; *sich f.* sich ereignen
vüeren sw. führen, bringen, tragen.
fuoder st. n. Fuder, Fuhre
vuoge st. f. Anstand; Kunst
fuore st. f. Benehmen, Handlungsweise
fuoʒ st. m. II Fufs, *einen f.* einen Fufs breit; *an den f. gdn* dicht vor jemand hintreten, *für die füeʒe g.* in den Weg treten
für Praep. mit A. vor, zu, gegen, vor — hin, vorbei an; anstatt; Adv. vorwärts, hervor, voraus, vorüber
fürbaʒ Adv. weiterhin, fürderhin
fürbrëchen (für b.) st. *ein d.* über etwas hinausgehn, hingehn
vürbüege, fürgebüege st. n. Brustriemen der Pferde
fürder Adv. weiter, fort
vürewîse Adv. vom rechten Wege ab; vergeblich
fürgebüege s. *vürbüege*
fürgedanc st. m. Vorsehung, Voraussicht
fürgespenge st. n. Spange vor der Brust
vürhten anom. *ein d.* und *eines d.; eines* für jemand
furrieren sw. füttern
furt st. m. II Furt

G.

gách (-hes) und *gæhe* Adj. und Adv. eilig; *mir ist gách* ich habe Eile, bin eilig, eifrig; adverbialer G. *gáhes* eilig

gadem st. n. Gemach, Zimmer

gagensidele st. n. Sitz gegenüber (dem Wirte), Ehrenplatz

gáhe sw. m. Eile: *in allen gáhen* in aller Eile, in Hast

gáhen sw. eilen; *eines d.* beschleunigen

galle sw. f. Galle

gampelspil st. n. Possenspiel

gán, gén anom. gehen, kommen; mit Inf.: um zu; *an ein d.* etwas beginnen, angreifen; *abe gán eines d.* von einer Sache abstehn; *úf g.* zunehmen, *umbe gán* hergehn, sich wenden; *einem zuo g.* nahen

ganz unversehrt, vollständig, voll

gar (-wes) fertig, bereitet, gerüstet; Adv. ganz, vollständig, insgesamt

garzún st. m. Fufsknappe, Page

gast st. m. II Fremder, besonders fremder Krieger

ge- tritt vor Verbalformen, die nicht mit Praepositionen zusammengesetzt sind, verstärkend und die Handlung abschliefsend; verleiht daher dem futurischen Praes. die Bedeutung des Fut. exact., dem Praet. die des Plusquamperfekts: *obe dir got gefüeget* wenn dir Gott beschert haben wird; *dó die wegemüeden ruowe gendmen* sich Ruhe bereitet hatten; sehr häufig vor Inf., die von den Praeteritopraesentien abhängen: *kunde gevolgen*

gébe st. f. Gabe

gében sw. beschenken, *einen mit einem d.*

gebære, gebærde st. f. Gebärde, Betragen, Haltung: *in dén gebæren* mit dem Anschein

gebáren sw. sich benehmen

gebénde st. n. Bande; Kopfputz der Frauen

gebieten st. befehlen; antreiben; anbieten; *swaʒ, swie ir gebietet* was, wie es euch beliebt; *got sol gebieten* möge fügen; *aller mîner éren dér got an mir gebót* die Gott mir ver-

lieb; *gebiut mir* hast du noch etwas zu befehlen? (Bitte um Urlaub)
gebrëste sw. m. Mangel
gebrësten st. gebrechen, mangeln; *mir gebristet eines d.* oder an einem d.
gebûre sw. m. Bauer
gedanc st. m. das Denken
gedigene st. n. Schar der *dëgene*, Rittergefolge
gedîhen, gedîen st. Fortgang haben, sich entwickeln, geraten
gedinge sw. m. st. n. Hoffnung, Vorsatz
gedranc -(ges) st. m. Gedränge
gevdhen st. intr.: eine Richtung nehmen, *ndch dem künne* in die Art schlagen
gevallen st. gefallen, zufallen
gevar (-wes) gefärbt, farbig; *lieht g.* hellfarbig
gevelle st. n. abschüssige oder durch umgestürzte Bäume, herabgerollte Felsen unwegsame Gegend
geverte st. n. Art zu *varn*, Ausrüstung, Aussehn
gevieret viereckig, würfelförmig, scharfkantig, fest in seiner Eigentümlichkeit
gefriunt (-des) mit Freunden versehen, befreundet
gevüege schicklich; gewandt, artig, fein; Adv. *gevuoge*
gefügele st. n. Vögelvolk
gegen, gein, gên Praep. mit D. gegen, gegenüber; Adv. entgegen
gehaben sw. halten; *vor g.* vorenthalten; *sich g.* sich befinden, benehmen
gehaȝ (-ȝes) feindlich, feindselig
geheften sw. haften
geheiȝ st. m. Versprechen
geheiȝen st. heifsen, befehlen, versprechen
gehilze st. n. Schwertgriff
gehiure lieblich, hold
gehovet nach dem Hofe gerichtet
gehünde st. n. Hundeschar
geil froh, lustig

gejeide st. n. Jagd; Jagdbeute

gelangen sw. verlangen, *sich eines d. gel. ldʒen* sich nach einer Sache gelüsten lassen

geldʒ st. m. n. Gestalt, Aussehn, Benehmen

gelēben sw. leben, *ein d.* erleben

geleite st. n. Geleit, Schutz, Begleitung; sw. m. Begleiter

gĕlf, gĕlph glänzend; lustig, übermütig, frech; st. m. Übermut

gelich gleich, *eines g.* einesgleichen; Adv. *geliche* gleichmäfsig, gleich; *g. ligen* auf dem gleichen Spiele stehn; *dem g. tuon* durch Thaten beweisen

gelichen sw. vergleichen, gleichstellen; *sich* gleichkommen

gelingen st. *mir g—t wol* ich habe Erfolg, es geht mir gut

gelouben sw. glauben; *sich eines d.* etwas aufgeben, von einer Sache abstehn

gĕlt st. m. und n. Zahlung; Rente, Einkünfte; Ersatz; Pfand

gĕlten st. zurückgeben, bezahlen; wert sein

gelübde st. n. Versprechen, Gelöbnis

gelust st. m. II und f. Verlangen; Lust, Freude

gemach st. m. Ruhe, Bequemlichkeit, Annehmlichkeit

gemahele st. f. Verlobte, Gemahlin

gemeine gemeinsam, allgemein, übereinstimmend; *ēʒ g. haben* zusammenhalten, verbündet sein; Adv. insgemein; st. f. Gemeinschaft, Anteil

gemeit froh, freudig; ansehnlich, stattlich, auch *wol g.*

gemelich lustig, scherzhaft

gemüete st. n. Stimmung

gemuot gesinnt, gestimmt, *hōch g.* frohsinnig, freudig

gēn s. *gegen*; s. *gān*

genáde st. sw. f. Herablassung, Huld, Güte; *eines g. hdn* sich über jemand erbarmen; *g.* in der Anrede elliptisch: ihr seid gütig, ich danke, oder: seid gnädig, ich bitte; daher *genáde sagen* Dank sagen

genǣdeclichen Adv. huldvoll

genǣme angenehm, beliebt

genēsen st. mit dem Leben davonkommen, gerettet werden

genieten sw. *sich g. eines d.* sich an einer Sache sättigen, erfreuen
genie3en st. *einen* oder *eines, eines d.* von einem, einer Sache
    Nutzen haben; auch ironisch: für etwas büfsen; *g. ldn eines
    d.* etwas zu gute kommen lassen; *geno33en* aktivisch: Vorteil
    habend; *geno33en hdn* von Hunden, die ein Stück Wildpret
    bekommen haben, um die Fährte desto eifriger zu verfolgen
genœte eifrig, *eines d.* begierig nach; Adv. *genôte* eifrig, heftig
genô3 st. m. Standesgenosse, *eines g.* einem an Würde gleich;
    mîn g. meinesgleichen
genô3en sw. gleich stellen
genuoc (*-ges*) genug; Plur. hinreichend viele; adv. (auch *genuoge*)
    genug, ziemlich viel
gepiu3e st. n. Stofs, Schlag
gêr, gir st. f. Begierde, Verlangen, *mir ist g.* ich strebe
gêr, gêre st. m. Spiefs zu Wurf und Stofs
gêre sw. m. Spiefs; Schofs des Kleides
gerêht geschickt, bereit
gereite st. n. Reitzeug
gerinc (*-ges*) st. m. Bemühung
gerlich Adv. gänzlich
gêrn sw. *eines d.* begehren, *an einen* und *ze einem* von einem;
    Part. Plur. *die gêrenden* die fahrenden Spielleute
gêrne Adv. mit Vergnügen, gern, leicht; Compar. *gêrner* lieber:
    wir mehten gêrner sîn tôt wir müfsten wünschen lieber
    gestorben zu sein
gerwen sw. rüsten
gesœ3e st. n. Sitz; Lager
geschêhen st. *einem geschiht* wird zu teil; auch: jemand thut
geselle sw. m. Gefährte, Freund; Freundin
gesellen sw. *sich* sich mit einem Gefährten verbinden
geselleschaft st. f. Waffenbrüderschaft, Gesellschaft
geselliclîche Adv. zu, in Gesellschaft
gesidele st. n. Einrichtung zum Sitzen
gesiht st. f. *zir g—e* vor ihren Augen
gesinde st. n. Dienerschaft; Kriegsgefolge; sw. m. Gefolgsmann

gesinden sw. zum Diener machen, *sich g.* in Dienst treten
gesite geartet, gesinnt
gesiune st. n. Gesicht
gesmide st. n. Geschmeide, Reitzeug
gespan st. n. *ringes g.* Ringgeflecht, Panzer
gespenge st. n. Spangen an der Rüstung
gestalt bestellt, beschaffen
gestān, gestēn anom. stehen bleiben, bleiben, unterbleiben; *eines d.* gegen etwas Stand halten; *einem g.* zur Seite treten, beistehn; *einem eines d.* einem bei einer Sache helfen, etwas erlauben
gesteinet mit Edelsteinen besetzt
gestrŏut Part. von *strŏuwen*, aufgesetzte Stücke (Pelzwerk)
gesunt (*-des*) gesund, heil
geswichen st. ermatten, *einem* jemand im Stiche lassen
geswigen st. verstummen
getāt st. f. II Beschaffenheit; Mache
getriuwe zuverlässig, treu
getürstic (*-ges*) kühn
getwērc (*-ges*) st. n. Zwerg
getwērgelīn st. n. Zwerglein
getwērginne st. f. Zwergin
gewæfen st. n. Rüstung, Waffen
gewæte st. n. Kleidung, Bewaffnung
gewahs scharf
gewalt st. m. Gewalt, Herrschaft, Befehl; Gewaltthätigkeit
gewaltic (*-ges*) mächtig, *eines d. g. sīn* über etwas gebieten
gewalticlich Adv. mit Gewalt
gewērbt, gewērp (*-bes*) st. m. Geschäft, Werbung
gewerlichen Adv. wehrhaft; = *gewarlichen* behutsam
gewinnen st. *ein d.* erwerben, erlangen; holen; überwältigen; *an einem* einem abnehmen, abgewinnen; *einen von einem d.* abbringen
gewon gewohnt, geartet
gewonheit st. f. Gewohnheit, Sitte

gewonlich der Sitte gemäfs
gewürhte st. f. gewürkte Arbeit
gezierde st. f. Schmuck
gezimber st. n. Gebäude
geziuge sw. m. Zeuge
gezogenlich wohlerzogen, anstandsvoll; Adv. *gezogenliche*
gieʒfaʒ (-ʒes) st. n. Giefskanne
gift st. f. Gift
gigære s. m. Geiger
gige sw. f. Geige
gimme st. sw. f. Edelstein
gisel st. m. Kriegsgefangener, Geisel
gitekeit st. f. Habgier
gitsen sw. habgierig sein
glanz glänzend; st. m. Glanz
glesin gläsern
golt (-des) st. n. Gold; Goldsache, goldner Ring
goltvar (-wes) goldfarbig
goltvaʒ (-ʒes) st. n. goldenes Gefäfs
gouch st. m. Kuckuck; Bastard; Thor, Narr
gougelbühse sw. f. Büchse, Rohr eines Taschenspielers
gougelfuore st. f. Gaukelei, hin- und herfahrendes Wesen, Possen
goukel st. n. Zauberei; Possen
goume st. f. prüfende Aufmerksamkeit; *g. nëmen eines* auf jemand Acht geben
grâ (-wes) grau; Subst. Grauwerk, Art Pelzwerk
gram feindlich
grât st. m. Rückgrat; Gräte
gremelich grimmig, schrecklich; Adv. *gremeliche, grimeliche*
grimme Adj. und Adv. grimmig, zornig; st. f. Grimm, Zorn
grinen st. knurren
grise grau, greis, alt
griulen sw. *mir g—t* mir graut, mich schaudert
griulich grausig, grausenerregend
grôʒ dick, stark; Adv. *grôʒe* sehr

græzlich grofs, Adv. *græzlichen* sehr, gewaltig
grüene grün; st. f. Grasboden
grüezen sw. ansprechen, begrüfsen
gruonen sw. grün sein, grün werden
guggaldei st. n. (?) Kuckuck (?)
guldîn golden
gülte st. f. Zahlung, *g. abe slahen* Schulden tilgen
gunnen anom. gerne sehen; *einem eines d.* einem etwas gönnen, wünschen; *einem ein d. ze tuonne* gestatten, erlauben
guot gut, tüchtig, förderlich; freundlich; aus gutem Geschlecht; *guote liute* Kranke und Arme; edle Menschen; *für g. nëmen*, haben zufrieden sein mit; Adv. *güetlichen* freundlich; *guot* st. n. Habe, Gut; gute Absicht
gurre sw. f. Mähre, schlechtes Pferd

H.

habe st. f. Habe; Hafen
habedanc st. m. Lob, Preis
haben sw. halten, behalten; *unrehte h.* unrichtig behandeln; *ûf haben eines d.* inne halten mit; *hân* anom. haben; *h. für* für — halten; *den tôt an der hant h.* den Tod sicher haben, sterben müssen; *ze minnen, ze éren h.* lieben, ehren
hæle st. f. Hehl; *h. hân eines d.* etwas verheimlichen
haven st. m. Topf
halpswuol st. n. unbekanntes Tier
halsen st. umarmen, um den Hals fallen
halspërc (*-ges*) st. m. Panzerhemd mit Kappe
halt Adv. und Konj. vielmehr; in Koncessivsätzen: auch immer
handeln sw. verfahren, einrichten; *einen* behandeln
handelunge st. f. Bewirtung
hant st. f. Hand; als Umschreibung: *Sifrides h.* = *Sifrit*; *ein helt zer h., zen handen, ze sînen handen* ein Held durch seiner Hände Kraft, von starker Hand; *zuo eines handen sîn* einem unterthänig sein; *einen under die hende nëmen* vor-

nehmen um zu überreden; *aller hande* aller Art; pleonastisch *maneger leie hande*
hantgetât st. f. Geschöpf
harm st. m. Hermelintier
harnas (*harnasch*) st. n. Harnisch
harnaschvar (*-wes*) vom Harnisch gefärbt, schmutzig
harphœre st. m. Harfenspieler
harte Adv. stark, sehr
haʒ (*-ʒes*) st. m. Hass, Feindseligkeit: *âne h.* ironisch: gern
haʒlîch feindselig
heben anom. sw. heben, erheben, anfangen; *sich h.*, *sich an heben* anfangen, *sich ûʒ, dan heben* wegziehn, *sich an ein d. heben* zu einer Sache aufbrechen
hei, hey Interj. vor Ausrufen
heiden st. m. Heide; st. f. Heidenschaft
heien sw. hegen, schützen
heil st. n. Glück; *heiles wort* Segenswünsche
heiligeist st. m. der heilige Geist
heim, hein st. n. Haus, Heimat; adverbialer A. nach Hause; *heime* D. zu Hause
heimgesinde st. n. Hausdienerschaft, eigenes Gefolge
heimlîche st. f. Heimlichkeit, Vertraulichkeit; *in h.* unter Vertrauten
heimliche Adv. heimlich, vertraulich
heimuot st. n. Heimat
heiʒen st. nennen; genannt sein; mit Inf. oder A. und Inf. befehlen; *einen liegen h.* sagen, dafs jemand lügt
hêlde, *der = hêl[n]de* Part. Praes. der (sich) verbergende, verborgne
hëlfe st. f. Hilfe; Gefolge, Heer in eines Diensten
hëlfen st. *einen* und *einem*; *einem eines d.* verhelfen zu, helfen bei
hëlfenbein st. n. Elfenbein
hëlfenbeinîn von Elfenbein
hëlflîch hilfreich
helle st. f. Hölle

hellemór st. m. Höllenmohr, Teufel
hellen st. hallen, tönen; *geliche hin h.* übereinstimmend fort wollen
helm st. m. und *helme* sw. m. Helm
helmevaʒ (-ʒes) st. n. Helm
helmgespan st. n. Helmgespänge, Helmbänder
helmhuot st. m. Helm
helmschin st. m. der Helmglanz
heln st. verhehlen, verbergen, *einen* oder *einem ein d.* verheimlichen
helt (-des) st. m. (Schützer) Held, tapferer Krieger
hendeblóʒ blofs wie eine Hand
her st. n. Heer
hẽr Adv. hierher; bisher, bis jetzt
hẽr = ẽr Pron. 3. Pers. Sg. m.
hér, hére hoch, vornehm, heilig; froh, *eines d.* über etwas
herbérge st. f. auch Plur. Wohnung, besonders für Fremde: Lagerplatz bei der Jagd
herbérgen sw. Herberge machen, sich niederlassen, *einen* beherbergen; in Quartier legen
héren sw. erhöhen, heiligen
hérebẽrnde heilig
hervart st. f. Kriegszug
herverten sw. eine Heerfahrt machen, mit einem Heere ziehn
hergeselle sw. m. Kriegsgefährte
hérgesidele st. n. Hochsitz, Sitz für Vornehme
hergesinde sw. m. Gefolgsmann
herhorn st. n. Kriegshorn
hẽrisch nach Art der Herren, herrisch, stolz
hẽrlich vornehm, ausgezeichnet; Adv. *hẽrlichen* herrlich
hermin von Hermelin
hermüede kriegsmüde
hérre, hẽrre, vor Namen und Titeln auch *hér, hẽr, ẽr* sw. m. Herr, vornehmer Mann
herte st. f. Schulterblatt

herte, hart hart, schwierig, gefährlich; *h. schar* dichte Schar; Adv. in *herte gemuot* festgesinnt; st. f. schwerer Kampf
hërze sw. n. (*hërze* auch st. D. Sg. und N. Plur.); *an daʒ h. gân* das Herz ergreifen; *ze hërzen kumen* herzlich lieb werden
hërzebërnde herzergreifend
herzeichen st. n. Feldzeichen
hërzeleit (*-des*) herzbetrübend; st. n. und *hërzeleide* st. f. herzergreifendes Leid
hërzeliebe st. f. Herzensfreude
hërzeliep (*-bes*) herzlieb; st. n. Herzliebchen
hërzentrût st. n. Herzliebchen
herzoge sw. m. Herzog
hie Adv. hier; vor Adv. und Praep. hier: *h. inne, h. umbe*
himelfrouwe sw. f. Himmelsherrscherin
himelhort (*-des*) st. m. Himmelschatz, Gnadenschatz
himelwagen st. m. Sternbild des Wagens
hinde st. f. Hindin, Hirschkuh
hinder Adv. hinten; Praep. mit D. und A. hinter; *h. sich* zurück
hine, hin Adv. hinweg, hin; elliptisch: fahre hin! *hinwidere* zurück; *hin ze jâre* übers Jahr
hinne = *hie inne*
hinnen, hinne Adv. von hier, von hinnen, fort
hinte, hint = *hînaht* Adv. in dieser Nacht
hinvart st. f. Tod
hîrât st. m. Heirat
hirmen sw. ruhen
hirte st. m. Hirt
hirʒ st. m. Hirsch
hiure Adv. in diesem Jahre, heuer
hîwen, hîen sw. heiraten
hôch (*-hes*) *hô* hoch, vornehm; *hôher wint* lauter Wind; *h. muot* gehobner, freudiger Sinn; *h. strît* starker Streit; *hôheʒ spil* Spiel um einen hohen Preis; Adv. *hôch, hôhe, hôh* hoch, gewaltig, sehr; *hôch tragendiu hërzen* von Freude gehobne; *h. stân* auf dem Gipfel stehn, einem teuer zu stehn

kommen; Kompar. *hôher* bei Verbis der Bewegung: zurück, weg
hôchvart st. f. hohe Art zu *varn*, edles, stolzes Benehmen
hôchverte, hôchvertic (-ges) stolz
hôchverten sw. stolz handeln
hôchgemdc -(ges) mit Vornehmen verwandt
hôchgemüete st. n. Hochsinn, Freudigkeit
hôchzit, hôchgezit st. f. Fest, bildlich für Kampf
hœhen sw. erhöhen, *den muot* den Sinn erfreuen
hœne hochfahrend, übermütig
hœnen sw. schmähen, der Ehre berauben
hof (-ves) st. m. eingeschlossner Platz; Aufenthalt, Umgebung des Königs; *ze hove* zum, beim Könige, oder zu, bei einer fürstlichen Person
hovebœre dem Hofe gemäfs, anständig
hovebëlle sw. m. Hofkläffer, schmeichlerischer Höfling
hovelich dem Hofe angemessen, anständig; Adv. *hovelichen*
hovemœre st. n. Nachricht an den Hof
hovereise st. f. Fahrt zum Könige
hövesch, hübesch dem Hofe angemessen, fein
hövescheit, höfscheit, hübscheit st. f. feine Sitte, Artigkeit
höveschen, hübschen sw. den Hof machen
hovestœte am Hof, an der Hofsitte festhaltend
hovewërt (-des) zu Hof wert, geehrt
holde sw. m. Lehnsmann
holt (-des) geneigt, lieb, treu; besonders vom Herrn gegen den Diener und vom Diener gegen den Herrn; *einen holden hân* lieb machen, sich geneigt machen
honegen sw. voll Honig sein
hœren sw. *einem* auf jemand hören, einem gehorchen
hornunc (-ges) st. m. Februar
hort (-des) st. m. Schatz
houbet st. n. Haupt
houbetsünde st. f. Todsünde
hübeschen sw. auf höfische Weise sich unterhalten

hüeten sw. *eines* beobachten, Acht haben auf; *eines d.* behüten
hulde st. f. oft Pl. Geneigtheit, Huld; Erlaubnis
hulft st. f. Futteral, Ueberzug
huobe st. sw. f. Stück Landes von einer gewissen Gröfse, Hufe
huote st. f. Aufsicht, Wache, *eines* gegen jemand; *schœne h.* anständiger Gewahrsam, schonende Bewachung
hurdieren = *buhurdieren*
hurnin hörnen, von Horn
hurte st. f. losrennendes Stofsen
hurtlichen, hurticlichen Adv. mit Stofse losrennend
hûs st. n.; *ze hûse komen* nach Hause, in ein Haus gelangen
hütte sw. f. Hütte, Gezelt

I.

ie Adv. (von der Vergangenheit) immer; jemals; *ie* gerade, eben *der Missenœre*; in Nebensätzen: nie
iedoch, idoch Konj. dennoch
iegeslich, ieslich, islich jeder
ieman (-*nes,*) *iemen* jemand; in Nebensätzen: niemand
iemer, immer, imer Adv. (von der Zukunft) immer; jemals; *immer mére* immer künftig; in abhängigen Sätzen: nie wieder
iender, inder Adv. irgendwo, irgend
iesd Adv. sogleich
ieslich jeglich, jeder
ietwëder jeder von beiden
iezuo, ieze Adv. jetzt; sogleich; bereits
iht irgend etwas, mit G.; Adv. irgend, etwa; in abhängigen Sätzen = *niht*
in Praep. mit D. und A. in; zu *en* geschwächt: *enhant*; Adv. *in, în* hinein
inder s. *iender*
ingesinde st. n. Hausgenossenschaft; Gefolge; sw. m. Hausgenosse, Gefolgsmann
inndn Adv. innen

inne, innen Adv. inne, inwendig; *eines d. i. wërden* gewaren, merken; *i. bringen* merken, einsehen lassen, überzeugen
inneclichen, innerclichen Adv. im Herzen, innig
innerthalben Adv. auf der innern Seite
inre Praep. mit D. innerhalb, binnen
insigel st. n. Stempel, Siegel
intwerhes Adv. quer
irre vom rechten Wege abgewandt, unsicher; *eines d.* ohne etwas
irren sw. *eines d.* abbringen, abhalten von; *an einem d.* stören, hindern
iteniuwe ganz neu
itewîze st. f. Vorwurf
itewîzen sw. vorwerfen, vorhalten

J.

jâ Interj. ja, fürwahr (im Anfang des invertierten Satzes); verdoppelt *jarid*
jâchant st. m. Hyacinth
jâmer st. m. Seelenschmerz, Trauer, Leid
jâmerhaft, jæmerlich schmerz-, leidvoll, kläglich; Adv. *jæmerlîche, jæmerclîche*
jegere st. m. Jäger
jëhen st. sagen, versichern, *eines d.* etwas aussagen, bekennen, *einem eines d. j.* einem etwas nachsagen, zusprechen; versprechen; *einem j.* (ergänze: des *siges*); *eines* oder *eines d. jëhen ze* oder *für* jemand, etwas bezeichnen als, erklären für
jeit (-des) st. n. Jagd
jeitgeselle sw. m. Jagdgefährte, Jäger
joch, jô Konj. auch, doch, selbst, sogar; mit *ne: jone* gewifs nicht
junc (-ges); Superl. *jungist* letzt; Adv. *jungiste* und *ze jungist* zuletzt
juncfrouwe sw. f. Mädchen, Jungfrau aus edlem Stande
jungen sw. jung werden
just, tjoste st. f. ritterlicher Zweikampf zu Pferde mit Speeren

K. C. Q.

kamer sw. st. f. Schatz-, Schlafkammer
kamerære st. m. Kämmerer, Hüter der Schatz- oder Schlafkammer
kanzwagen st. m. Wagen, dessen Räder mit eisernen Reifen beschlagen sind
kapelsoum st. m. Reisegerät zum Gottesdienst
kaphen sw. *an k.* bewundernd anschauen
kappe sw. f. Mantel mit Kappe, Kapuze
karkære st. m. Kerker
karkelvar (*-wes*) kerkerfarbig, bleich
katze sw. f. Katze
kein = *dehein* irgend ein; kein
kël sw. f. Kehle
kemendte sw. st. f. heizbares Zimmer, Frauengemach
kempfe sw. m. Kämpfer (im gerichtlichen Zweikampf)
keppelin st. n. Mäntelchen mit Kapuze
kére st. f. Gang hin und zurück
kéren sw. wenden; sich wenden
kerze sw. f. Kerze
kiel st. m. Kiel, Schiff
kiesen st. schauen, wahrnehmen; prüfen, wählen; *den tôt k.* sterben
kinne st. n. Kinn
kint (*-des*) st. n. Kind, auch Jüngling (junger Ritter) oder Mädchen; *von kinde* von Jugend auf; *rëhter fröude ein k.* unbekannt mit wahrer Freude; Deminutiv *kindelîn, kindel*
kintlîche Adv. mit kindlicher Einfalt, Thorheit
kirche sw. f. Kirche
kît zusammengezogene .3. Sg. Ind. Praes. von *quëden*, *daʒ kît* das heifst
kiusche sittsam, sittenrein; st. f. Reinheit
klaffen sw. schallend aufschlagen
klâfter st. f. Mafs der ausgebreiteten Arme
klage st. f. Klage, Gegenstand der Klage
klagen sw. *einen* beklagen
clâr hell, glänzend, schön

cldre st. f. Klarheit
kleindt st. n. Kleinod, Kostbarkeit
kleine fein, klein, gering; Adv. wenig, ironisch = *niht*
klenken sw. klingen machen, tönen lassen
klôsenære st. m. Klausner, Einsiedler
klûs st. f. Klause, Zelle
knëht st. m. Knabe; Knappe, Krieger, der zu Pferde dient
knolle sw. m. Klumpe, Knolle zum Kröpfen des Federvichs
kochære, kocher st. m. Köcher
kovertiure st. f. Decke, Pferdedecke
kolter st. m. Polster, Bettdecke
komen, kumen st.; *einem* zu einem kommen, zu teil werden; *ze rossen k.* das Pferd besteigen, *ze swërten k.* die Schwerter ergreifen; *in kleider k.* sich anziehn; *ze komene* künftig
kone sw. f. Ehefrau; *konen mâc* oder *konemâc* st. m. angeheirateter Verwandter
kôr st. m. Chor, Altarseite der Kirche, Platz der Geistlichkeit
koste st. f. Preis; Aufwand; Mittel zu Ausgaben
koufen sw. kaufen; erwerben
krâ st. f. Krähe
kradem st. m. Lärm
kraft st. f. Kraft; Macht; Menge
krage sw. m. Kehle, Schlund
kranc schwach, gering
kraneche st. m. Kranich; *kranechen trite* hoffärtiger, stolzer Gang
kreftic (*-ges*) stark, gewaltig; reichlich; Adv. *kreftîcliche*
krenken sw. schwächen, verderben, beschimpfen
kristen st. m. f. Christ; st. f. Christenheit; *kristenlich* christlich
criuze st. n. Kreuz
qudle st. f. Qual, Marter
kuche, kuchen st. f. Küche
kuchenknëht st. m. Koch
quëln st. qualvoll leiden; *queln* sw. quälen, martern
küelen sw. abkühlen, *den muot* die Lust befriedigen

kumber st. m. Bedrängnis; davon Adv. *kumberliche, kummer-*
lichen kummervoll, bedrückt
kûme Adv. mit Mühe, mit Schmerzen, kaum
kûnde bekannt; st. f. Bekanntschaft
kûndekeit st. f. List, Arglist
kûndeclichen Adv. klug, geschickt
kûnden sw. verkündigen, bekannt machen
kunder st. n. Geschöpf, besonders ein seltsames, ein Ungeheuer
kûndic (*-ges*) bekannt
künftic (*-ges*) zukünftig
künne st. n. Geschlecht
kunnen anom. wissen, verstehn, können; *ze einem d.*; *einem k.*
   mit einem fertig werden
kunt (*-des*) bekannt
kunterfeit nachgemacht, falsch
kûntlich Adv. deutlich
kuolen sw. kühl werden, sein
kuonheit st. f. Kühnheit
kurzewîle st. f. Kurzweil, Spiel, Vergnügen; D. Plur. *kurzwîlen*
   in kurzem, bald
kurzewîlen sw. kurzweilen, spielen, sich vergnügen
küssin st. n. Kissen

L.

lacheliche Adv. lächelnd, freundlich
laden sw. (und st.) einladen; st. (und sw.) aufladen, beladen
lære leer, *eines d.* frei von
lâge st. f. Nachstellung, Hinterhalt
lamp (*-bes*) st. n. Lamm
lancræche die Rache lange nachtragend
lange Adv. lange, seit lange; ironisch = stets; Compar. *langer*
   und *lenger*
lant (*-des*) st. n. Land; *ze lande* heimwärts, *hêr ze l.* hierher
lantliute st. m. Plur. Landbewohner
lantrêhtære st. m. Landrichter, Vorsteher eines Landgerichts

laster st. n. Schande
lasterlichen, lesterlichen Adv. schimpflich
lâzen anom. lassen, zulassen; zurücklassen; *l. und abe l.* los lassen; unterlassen; verlassen; *vrî, varn l.* aufgeben; *kiesen, sêhen l.* zeigen, beweisen; *hœren l.* erklären; *under wêgen, stên, sîn, belîben l.* unterlassen, auf sich beruhen lassen; *sich eines d. an einen l.* sich in etwas verlassen auf; *sînín d. ûf ére l.* seine Sache auf Ehre stellen; *ld einen sin geborn* nimm an, einer sei geboren
lê (*-wes*) st. m. Hügel
lêbart st. m. Leopard
lêben sw. leben, sich benehmen; st. n. Leben, Benehmen; Stand
lêdic (*-ges*) frei, ledig, los; Adv. *lêdiclîche*
legen sw. legen; in Quartier legen; ablegen; *ein strâfen zeiner suone* aufhören zu schelten, um sich zu versöhnen; *sich an legen* sich ankleiden; *ûf l.* festsetzen, bestimmen
lêger st. n. Lager
leich st. m. Melodie; Lied von ungleichartigen Strophen, gesungen oder gespielt
leide Adv. leid-, schmerzvoll; st. f. Betrübnis
leiden sw. leid machen, verleiden; leid sein
leie st. f. *maneger l.* mancher Art; als Subst. mit G. *dër* (*steine*) *lûhte m. l.* mancherlei Steine leuchteten
leie sw. m. Laie, Nichtgeistlicher
leinen sw. lehnen
leit (*-des*), *leitlîch* schmerzvoll, leid; *leit* st. n. Leid: *einem ist l.* er ist traurig, betrübt; *l. hân nâch einem* nach einem verlangen, sich sehnen
leitehunt (*-des*) st. m. Spürhund, der an einem Seile geführt wird
leiten sw. führen, geleiten
leitestërne sw. m. Polarstern
leitschrîn st. m. Reisekasten
lëcker st. m. Tellerlecker, Schmarotzer, Schmeichler
leschen sw. auslöschen (trans.)
lêser st. m. Vorleser

lest s. *le33ist*
letzen sw. hemmen, endigen
lëwe sw. m. Löwe
le33ist, lest letzt
lîden st. leiden, sich gefallen lassen
liebe Adv. zu *liep*; st. f. Lust, herzliches Wohlgefallen, Liebe, Liebenswürdigkeit; *durch eines l.* einem zu Liebe, um eines willen
lieben sw. lieb machen; lieb, angenehm sein
liegen st. lügen
lieht glänzend, licht; Adv. *liehte*
liep (-bes) lieb, angenehm; st. n. der, die Liebste; Freude
liet (-des) st. n. Lied, eigentlich Strophe, daher gern Plur.
ligen anom. liegen; sich legen, fallen, aufhören; *obe geligen* siegen; *ringe gelëgen sin* schwach darniederliegen, dahin sein; *tôt l.* tot sein, sterben, *vor einem* durch jemand; *an einem liget* jemand besitzt; *an Rüedegêre lit unser fröuden val* mit R. sank unsere Freude dahin
lîhen st. verleihen, zu Lehen geben; Part. *geligen* erborgt
lîhte leicht, gering; Adv. leicht, vielleicht; *dës ist harte lîhte* es geschieht, findet sich leicht
lilje sw. f. Lilie
lintrache = *lintdrache* sw. m. Lindwurm
linde sw. f. Linde
lîp (-bes) st. m. Leben, Leib; als Umschreibung: *Sifrides l.* = *Sifrit*
list st. m. Kunst; *arger l.* schlimmer, böser Streich, Untreue
liste sw. f. Leiste, Borte
lit (-des) st. n. Glied
liuhten sw. leuchten
liut st. n. Volk, Heer; Plur. m. n. *liute* Leute
lobebære, lobelich, lobesam lobenswert, herrlich; Adv. *lobeliche*
lobelîn st. n. kleines Lob
loben sw. loben, preisen; geloben, versprechen, *an eines hant* mit Handschlag; *l. ze manne, ze wîbe* sich verloben mit
ôch (-hes), lô st. m. niedriger Wald, Busch

lohen sw. flammen, brennen
lop (*-bes*) st. m. und n. Lob, Preis
lôs ungebunden, zuchtlos
losen sw. lauschen, horchen
lôt st. n. Gewicht
louc (*-ges*) st. m. Flamme
louf sw. m. Lauf; Hetze
lougen sw. flammen
lougen (*-enen*) sw. *eines d.* leugnen; *âne l.* ungeleugnet, fürwahr
lougenliche Adv. trügerisch, lügnerisch
lûdem st. m. Lärm, Geschrei; st. m. oder n. ein unbekanntes Tier
luft st. m. II Luft, Luftzug, Wind
lûne st. f. Mondphase; Veränderlichkeit, Laune
lûter klar, hell; Adv. *lûterlîche*
lûtertranc st. m. Claret (über Gewürzen abgeklärter Rotwein)
lützel, lüzel klein; mit G. wenig; Adv. wenig, ironisch = *niht*;
l. ieman selten jemand, ironisch = durchaus niemand

M.

mdc (*-ges*) st. m. (Plur. auch sw.) Seitenverwandter
mære st. n. Kunde, Nachricht, Geschichte, Sache; *niuwiu m.* unerhörte Dinge, *fremdiu m.* unerwartete Neuigkeit; *starkiu m.* schlimme Botschaft; *m. sagen* berichten, Auskunft geben; *m., der m. vrâgen* Auskunft, Nachricht verlangen; *ze m. sagen* verkünden, *ze m. bringen* in Ruf bringen; *hôher m. wêsen* von hohem Rufe, hochberühmt sein
mære bekannt, berühmt; rühmlich, herrlich
mæzlîchen Adv. mäfsig; Ironisch = *niht*
magedin, meidin st. n. Deminutiv von
maget, meit st. f. Jungfrau, Mädchen
magetlîch, megetlîch, meitlîch jungfräulich
mâgschaft st. f. Verwandtschaft
mâl st. n. Zeichen, Zierrat
mâlen sw. bunt verzieren
malhe sw. f. Tasche, Koffer

man st. m. anom. Mann; Gatte; Lehnsmann
mâne sw. m. Mond
manen sw. erinnern, *eines d.* an etwas; *eines d.* oder mit Inf. auffordern zu
manheit st. f. Tapferkeit
mannegelich jedermann
marc st. f. halbes Pfund Gold oder Silber
marc st. n. Pferd, Streitrofs
marc, marke st. f. Gränze; Gränzland
marcgrâve sw. m. königlicher Oberbeamter eines Gränzlandes
marcgrâvinne st. f. Frau eines *marcgrâven*
margarîte sw. f. Perle
marmelstein st. m. Marmor
marschalc st. m. Stallmeister (Hofamt), Aufseher des Gesindes
marterer st. m. Märtyrer
mat st. n. Matt im Schachspiel, Niederlage
matraʒ st. f. Polsterbett
maʒ (-ʒes) st. n. Speise
mâʒe st. f. (sw. in *âne mâʒen*) Mafs, Angemessenheit: D. Plur. *mâʒen* wenig, nicht; *ze m.* im richtigen Mafse, mäfsig
megetîn st. n. Mädchen
mehelen sw. vermählen, verloben
mein st. m. Falschheit, Verrat
meineclichen Adv. verräterisch
meineide meineidig, eidbrüchig
meinen sw. *ein d.* im Sinne haben, bezwecken, verursachen; *einen* es auf jemand abgesehen haben; von Herzen lieben
meinrât st. m. II Plur. Verrat
meinrœte verräterisch
meist Superlativ zu *mêr* gröfst; Adv. meistens, am meisten
meister st. m. Meister, Lehrer, Herr; = *schifmeister*
meisterschaft st. f. Meisterschaft, Herrschaft, Überlegenheit
meistic Adv. meistens
meituom st. m. Jungfrauschaft
meizoge sw. m. Knabenerzieher

mêlden sw. angeben, verraten
menen sw. wie Vieh treiben
menege st. f. Menge
mére, mêr, mé defectiver Kompar. mehr; substantivisch mit G.,
   Adv. weiter, künftig; bei Negationen: weiter, länger, *nie
   mére* nie zuvor
méren sw. vergröfsern, erheben
merkære st. m. Aufpasser
merken sw. bemerken, erkennen, aufpassen
merwîp (-bes) st. n. Wasserfrau
merwunder st. n. Meerungeheuer, Sirene
messe st. f. Metallklumpen; ein bestimmtes Gewicht
mête st. m. Met
mettîne st. f. Mette, Frühmesse
mê3 (-3es) st. n. Mafs
michel grofs; Adv. sehr
mîden st. unterlassen, entbehren, vermeiden; *sich eines d.* unterlassen; entsagen
miete st. f. Lohn
milt (-des), milte freigebig; Adv. *miltlîche, mîltecliche*
milte st. f. Freigebigkeit
minne st. f. Erinnerung; Liebe; *ze minnen* zum Andenken, als Geschenk; *die m. trinken* den Abschiedstrunk trinken
minneclîch lieblich, liebreizend; Adv. *minnecliche* lieblich, freundlich
minneviur st. n. Liebesglut, Liebesfeuer
minnen sw. lieben
minner, minre Komp. kleiner; Adv. weniger, minder
missebieten st. *einem* und *e3 einem* unglimpflich behandeln
missedienen sw. *einem* beleidigen
missevallen subst. Inf. Verdrufs, Mifsfallen
missevar (-wes) befleckt; entfärbt
missevarn st. unrecht verfahren, übel handeln
missegân anom. übel ergehn, mifsglücken
missehagen sw. mifsfallen

misselingen sw. *mir m – t* mir geht es schlecht, *an einem d.* ich erleide Schaden an
missestân anom. schlecht anstehn
missetât st. f. Fehltritt, Schuld, Bosheit
missetrēten st. fehltreten, fehlgehn
missetuon anom. anders als recht handeln
missewende st. f. Schandthat; Schande
mit Praep. mit D. mit, nebst, samt; Adv. mit
mitewist st. f. Beisein, Beiwohnung
mitte mittel; *mitter tac* Mittag
mittelswanc st. m. der mittlere Schlag
mære st. m. Last-, Reise-, Damenpferd
molte st. sw. f. Staub, Erde
môraz st. m. und n. Maulbeerwein
morgenrôt st. m. Morgenrot
mort (*-des*) st. m. Mord; Gemetzel; Schandthat
mortlîch mörderisch; Adv. *mortlîche*
mortmeile mordbefleckt
mortræche mordgierig
mortræze mordscharf, mörderisch
müede st. f. Müdigkeit
müeden sw. müde werden
müejen sw. bekümmern, kränken, verdriefsen
müelîch Adj. und Adv. mühevoll, schwer
müezen anom. müssen, sollen; *daz si daz muoste sēhen* vor ihren Augen; *die wile ich lēben muoz* so lange mir zu leben bestimmt ist; in Wünschen: *müeze* möge
müezic (*-ges*) unthätig, müfsig
mugen anom. können, mögen, dürfen; *balde, gërne m.* Grund zu etwas, zu einem Wunsche haben; *ir muget mich sanfte vlēgen* ihr habt nicht nötig, mich viel zu bitten; *ir meget iuch lîhte rüemen* ihr habt es leicht euch zu rühmen; *mir mac wol wēsen leit* ich bin mit Recht, natürlich betrübt
mugge sw. f. Mücke
mûl st. m. II Maultier

mundelîn st. n. *rôtez* m. Mädchen, Frau
mûnizîsen st. n. Prägstempel; Münze
muome sw. f. Mutterschwester, Muhme
muot st. m. Sinn, Sinnesart; Stimmung, Neigung; Meinung; *einen muot haben* einmütig sein; *einem ze muote sîn* nach eines Sinn sein; *muot hân eines d.* Lust haben zu, wünschen, hoffen; *valscher m.* Falschheit; *zornes m.* Zorn; *mit lachendem muote* in fröhlicher Stimmung
muoten sw. *eines d.* verlangen nach; *an ein d.* hoffen auf, verlangen
mûre st. f. Mauer

N.

nac (-ckes) st. m. Nacken, Hinterkopf
nâch Praep. mit D. nach, hinter; wegen, um, zu, gemäfs; *nâch stichen* nachdem die Speere verstochen waren; *ez nâch dēr suone reden* für die Versöhnung sprechen; Adv. nahe, beinahe
nâhe, nâhen, nœhlichen Adv. nahe, beinahe; genau
nœjen sw. nähen, schnüren; *einen in fûrgespenge* einem das Kleid mit Spangen zuschnüren
nâhen (-enen) sw. nahe sein, kommen
nâhgebûre sw. m. Nachbar
nahtes, des Adv. (anomaler G. von *naht*) in der Nacht
nahtselde st. f. Nachtlager
name sw. m. Name; Stand
ne Negationspartikel (inkliniert oder vorn angelehnt als *en*: *enkunde*) meist mit anderen Negationen *niht, nimmer* usw. verbunden; alleinstehend nur in kurzen Sätzen mit abhängigem Nebensatze: *ich enruoche waz, ich enweiz ob*; und in elliptischen Sätzen: W. 82, 12 *hèrre, in mac* (ergänze *niht dar geriten*); in kurzen Gegensätzen 66, 10 *si tuot, si entuot*; ferner in Nebensätzen, teils einschränkend und bedingend: *mirn zerinne friunde* wenn meine Freunde nicht ausbleiben, wobei *ne* auch fehlen kann: *in welle got behüeten* wenn Gott ihn nicht behüten will; teils bei negativem

Hauptsatze ergänzend: *die dēgene wolden dēs niht lân sin drungen* die Helden unterließen natürlich nicht zu dringen
nēben Adv. zur Seite; *bî n.* einem neben einem
nēve sw. m. Schwestersohn, Neffe; Mutterbruder; entfernter Verwandter
nehein, nochein kein
nehten eigentlich D. Plur. in der Nacht, nachts
nēmen st. nehmen; *ûf n.* zunehmen; *sich ein d. an n.* sich mit etwas befassen
nern sw. am Leben erhalten, retten
niden Adv. unten
nîden sw. hassen; *ein d.* über etwas zürnen
nider niedrig; *nidere, nider* Adv. nieder, herab
nie Adv. niemals, nie (in der Vergangenheit); *nie mēre* noch nie
nieman (-nes), niemen niemand; mit G. *ander n.* keiner der andern
niemer, nimmer, nimer niemals, nicht mehr (in der Zukunft); *nimmer mēre* niemals wieder
niender, niener, ninder, nindert Adv. nirgends; nichts
niene, nine Adv. durchaus nicht
niet s. *niht*
niezen = genie3en
niftel sw. st. f. Nichte
nîgen st. sich verbeugen, *einem* sich gegen jemand dankend verbeugen, einem danken
niht, niet nichts; *ze nihte* vernichtet, nutzlos; besonders mit G. *niht schildes* keinen Schild *hân*; Adv. nicht
ninder, nindert s. *niender*
nît (-des) st. m. Haſs, Zorn, Feindseligkeit; *n. hân eines d.* über etwas zürnen
nîtlîche Adv. haſserfüllt, grimmig
niu (-wes), niuwe neu; veränderlich; Adv. *niuliche* kürzlich
niuwe st. f. Neuheit, Neue
niwan (niht wan) Konj. nur, wenn nicht; nach Negationen: auſser, als
noch noch, dennoch

nochein s. *nehein*
nône st. f. Mittagsstunde (*hora nona*); Himmelfahrtstag
nôt st. f. II Drangsal, Gefahr, Kummer; *durch n.* gezwungen; *âne n.* ohne Grund, nicht notwendig; *âne n. lâzen* in Frieden lassen; *n. ist eines d.* etwas ist nötig; *mir ist nôt ze einem d.* ich verlange nach; *nôt gêt einem eines d.* etwas ist einem nötig, er hat Ursache dazu, ist dazu gezwungen
nôthaft, nôtic (*-ges*) bedrängt
nû, nu Adv. nun, jetzt; da (relat.)
nuz (*-tzes*) st. m. Nutzen, Vorteil; Ertrag

O.

ob Praep. mit D. und Adv. über
ob, obe Konj. ob, wenn; wenn auch; *waz ob* wie wenn? vielleicht
och s. *ouch*
oder, ode, od Konj.
œheim st. m. Mutterbruder, Oheim
offenlîchen Adv. offen
orden st. m. Stand; *kristenlîcher o.* die Christenheit
ordenunge st. f. Ordnung; Engelchor
ôre sw. n. Ohr
ors = *ros* (*-ses*) st. n. Rofs
ort st. n. Spitze; *an allen orten* durch und durch; *unz an daz o.* bis zu Ende, vollständig
ôsterlîcher tac Ostertag; höchste Freude
ot s. *eht*
ouch Konj. auch; *und o.* und
ougenweide st. f. Anblick
ouwe st. f. Aue
ouwen sw. stromabwärts treiben
owê, ouwê Interj. Ausdruck einer schmerzlichen Gemütsbewegung, auch des Verlangens: o weh! ach! *eines, eines d.* wehe über einen, über etwas

P.

palas st. n. Gebäude, das eine Halle, einen Saal enthält; Halle
pantel st. n. Panther
pevilde = *bevilde* st. f. Begräbnis
pecke = *becke* st. n. Becken
permint st. n. Pergament
pfaffe sw. m. Geistlicher
phaflich pfäffisch, nach Art der Geistlichen
phahten sw. gesetzlich oder durch Vertrag bestimmen, feststellen
phant (-*des*) st. n. Pfand (alles was zur Sicherung der Rechtsansprüche gegen einen andern dient); *ph. erlœsen* versetzte Pfänder einlösen; sprichwörtlich: aus Verlegenheit befreien
pharre sw. f. Pfarrei
pfdwe sw. m. Pfau
phel, phelle, phellel st. m. Seidenzeug
phellin von *phel*, seiden
phenden sw. pfänden, berauben
pherit, phert (-*des*) st. n. Reitpferd
phertgereite st. n. Reitzeug
phi Interj. pfui
phifære st. m. Pfeifer
phinxtac = *phingesttac* Pfingsttag
phlēge st. f. Plur. Aufsicht, Hut
phlēgen st. handeln, verfahren; *eines phl.* umgehn mit, beaufsichtigen, sorgen für; *eines d.* betreiben, üben; verwalten, besitzen; mit Inf. treiben, pflegen
phliht st. f. Teilnahme, Zustimmung
phlihten sw. sich verpflichten, verbinden, *zuo* mit
phrüende st. f. Pfründe, Jahrgehalt
pilgerin st. m. Pilger
pin st. f. Pein, Qual
pirsen, birsen sw. jagen
pirsgewœte st. n. *pirsgewant* (-*des*) st. n. Jagdkleid
pldn st. m. Ebene, Flur, Erdoberfläche
porte sw. st. f. Pforte; sw. f. Hafen; s. auch *borte*

portenære st. m. Pförtner
pouc s. *bouc*
predjen sw. predigen
prëhen = *brëhen* st. leuchten; meist subst. Inf. Glanz
prîs st. m. Lob, Ruhm, Preis: *ze prîse* lobenswert
prîsen sw. loben, verherrlichen
prüeven s. *brüeven*
puneiʒ sw. m. Anrennen zu Pferde mit den Speeren
pusûne sw. f. Posaune

Qu. s. Ku.

R.

rdche st. f. Strafe, Rache
rant (des) st. m. auch *schildes r.* Schild
raste st. f. Meile
rât st. m. II Rat, Beschlufs; Verrat, Anschlag; Vorrat; *âne friunde r.* ohne die Freunde zu befragen; *eines d. ze râte wërden* zu beratschlagen beginnen über; *eines, eines d. ist rât* für, gegen jemand, etwas ist Rat, Abhilfe; etwas kann unterbleiben; *r. haben eines d.* etwas nicht nötig haben, unterlassen, entbehren; *eines, eines d. ze râte tuon* Rat schaffen für, wegschaffen
râten st. raten, beratschlagen; *einem r.* zureden, befehlen; *ein d. beschliefsen, einem ein d.* auch: gegen jemand auf etwas sinnen; *an einen r.* einem nachstellen
râwen = *rouwen* sw. ruhen
ræʒe scharf
rê (-wes) st. m. Totenbahre
rêch (-hes) st. n. Reh
rëchen st. rächen, strafen
recke sw. m. (verbannter, fremder Krieger) Held
rede st. f. Rede; Unterredung; Gegenstand einer Rede; *dër r. enist sô niht* damit steht es nicht so

redegeselle sw. m. Freund zur Unterhaltung
rederīche beredt, kunstverständig
rëht st. n. Recht, Gebühr; richtige Handlungsweise, *durch r.
des Rechtes wegen; von, ze rëhte* mit Recht, von Rechtswegen; *r. hān* recht thun
rëht recht, richtig; Adv. *rëhte* recht; sehr
reichen sw. den Arm ausstrecken
reinekeit st. f. Reinheit
reise st. f. Zug, Heerfahrt
reislīche Adv. zum Zuge gerüstet
reizen sw. reizen
rennen sw. laufen lassen (das Pferd); schnell reiten
rëren sw. fallen machen, verstreuen, ergiefsen
rëwunt (*-des*) todwund
rīche, rīch mächtig, gewaltig; vornehm; prächtig
rīche st. n. Reich; oberste Gewalt, der Kaiser
rīcheit st. f. Reichtum
rīchen sw. reich machen, schmücken
riechen st. rauchen, dampfen
rīfe sw. m. Reif
rigelstein st. m. Maueröffnung zum Abflufs vom Fufsboden
rihten sw. zurechtbringen, aufrichten; wahr machen, bestätigen; richten; *einem r.* Recht verschaffen; *sich r.* sich rüsten
rimpfen st. rümpfen, zusammenziehn
rinc (*-ges*) st. m. Ring, Kreis; Plur. Panzerringe, Panzer
ringe Adj. und Adv. leicht, gering, billig
ringen sw. *ringe*, leicht machen, besänftigen
ringen st. kämpfen, streben
rippe st. f. n. Rippe; Herkunft, Geschlecht
ris st. n. Reis, Rute, Stab
risen st. fallen
ritter, ritter st. m. Ritter
ritterlich für Ritter geziemend; Adv. *ritterlīche*
ritterschaft st. f. ritterliche Sitte, Uebung
ritterspīse st. f. Herrenspeise

riuhe st. f. Rauchwerk
riuwe st. sw. f. auch Plur. Betrübnis
riuwecliche Adv. traurig, bekümmert
riuwen st. *einen* betrüben, einem Leid thun
rôse sw. m. und f. Rose
rôsevar (*-wes*) rosenfarbig
rœseleht rosig
rôtguldin von rotem Golde
rouben sw. *einen* berauben
rúch (*-hes*), *rû* rauh
rücke st. m. Rücken; *ze rucke* zurück
rücken sw. bewegen, rücken; *dan* wegnehmen, entfernen
rüegen sw. klagen, vor Gericht bringen
rüemœre st. m. Prahler
rüemen sw. prahlen, rühmen
rüemic (*-ges*) prahlerisch
rüeren sw. in Bewegung setzen; berühren
rûmen sw. räumen, verlassen; *êz r.* weggehn
rûnen sw. raunen, geheim und leise reden
ruochen sw. sich kümmern; *eines* um jemand; *eines d.* auf etwas Rücksicht nehmen, etwas verlangen, wollen; mit Inf. wollen, belieben zu
ruofen st. *rüefen* sw. rufen
ruom st. m. Lob; Prahlerei
ruore st. f. Hetze, Meute
ruowe st. f. Ruhe
rûschen sw. rauschen, sich geräuschvoll bewegen

S.

sâ Adv. sogleich, alsbald
sabenwîz weifs wie *saben*, feine ungefärbte Leinwand
sælde st. f. auch Plur. Glückseligkeit, Heil
sældenrîch segensreich
sælic (*-ges*) beglückt, gesegnet, auch in ablehnenden Wünschen; *got lâze iu* ... immer *sælic sîn* behaltet in Gottesnamen

sagen sw.; *ein d.* über etwas Auskunft geben; vorhersagen: *ir vil langez scheiden sagte in wol der muot úf grózen schaden ze komene* ihr Gemüt weissagte ihnen ihre lange Trennung zum kommen in grofsen Schaden = durch die sie in grofsen Schaden kommen sollten

sahs st. n. Pfeilspitze

sal st. m. Langhaus mit Halle, Saal

sal (-*wes*) schmutzig, trübe

salwen sw. schmutzig, trübe werden

sam = *sô* Adv. so; wie; gleichwie; Conj. mit Conjunktiv als ob, als wenn

sament, samt, sant Adv. zusammen; Praep. mit D., auch *mit s.* mit

samene, ze mit einander, auf einander zu

samenen sw. versammeln

sampfte, samfte, sanfte Adv. sacht, leicht, langsam; angenehm, gern; Kompar. *sanfter* und *senfter*

sdn Adv. = *sd*

sanc (-*ges*) st. n. Gesang

sant (-*des*) st. m. sandiges Ufer, Strand

sant s. *samt*

sarrinc (-*ges*) st. m. Panzerring

sarwdt st. f. Rüstung

sdze st. f. Hinterhalt

schâch st. n. Schach

schâchœre st. m. Schächer, Räuber

schâchen sw. rauben

schaffen st. und sw. bewirken, verschaffen, bereiten, anordnen, bestellen; *mit einem s.* ebenso thun wie jemand; *gemach s.* Ruhe bereiten, es bequem machen

schaft st. m. II Spiefsschaft, Spiefs

schal (-*les*) st. m. Schall, Lärm, besonders freudiger bei ritterlichen Übungen; *ze schalle wërden* ins Gerede kommen, zum Gespötte werden

schalc st. m. Knecht; gemeiner Mensch

schalchaft knechtisch, gemein

schale (schalle) st. sw. f. Schale
schalkeit st. f. gemeines Benehmen
schallen sw. lärmen, jubeln
schalte st. und sw. f. Stange zum Fortstofsen des Schiffes
scham st. f. Scham; Schmach
schamen sw. *sich* sich schämen
schamel st. m. Schemel; Fufstritt bei Frauensätteln
schapel, schappel st. n. Kranz von Blumen oder Bändern; Kopfputz besonders der Jungfrauen und Frauen
schar st. f. Schar
scharhafte Adv. in Scharen
scharmeister st. m. Führer des Kriegsvolkes
scharph, schárf scharf
schedelíche Adv. mit Schaden, verletzend
scheiden st. intr. Abschied nehmen; trans. trennen, unterscheiden; beendigen; *ëʒ s.* den Streit beilegen; *sich s.* aufhören
schëf = schif (-fes)
schëlch st. m. unbekanntes Tier
schëlden, schëlten st. schmähen
schëllen st. ertönen
schemelich schimpflich
schenden sw. beschimpfen
schenken sw. einschenken
schërm st. m. Schild
schërmen, schirmen sw. parieren, *einem* schützen
schicken sw. fertig machen; senden; *die reise* den Heereszug an- und abordnen
schiere, schierlíche Adv. bald, schnell
schieʒen st. schiefsen, werfen, schnell stofsen
schiffen sw. zu Schiffe bringen
schifmeister st. m. Fährmann, Schiffsführer
schilhen sw. schielen
schiltveʒʒel, schildev. st. n. Riemen zum Umhängen des Schildes
schiltsteine st. n. Edelsteine als Schildzierrat
schiltwache st. f. Wache in voller Rüstung

schimpfen sw. scherzen
schîn offenbar; sichtbar, deutlich; *ein d.* und *eines d. sch. tuon* beweisen; st. m. Glanz; Blick; Schein
schînen st. leuchten, scheinen; sich zeigen; *sch. lâʒen* zeigen
schirm st. m. Schutz, Deckung
schirmslac (*-ges*) st. m. Fechterstreich
schœne, schœn schön; Adv. *schóne* artig, fein, stattlich
schœne st. f. Schönheit
schôʒ st. f. Schofs
schrëcken st. auffahren, erschrecken
schrôten st. schneiden
schult, schulde st. f. Schuld, Veranlassung: *âne sch.* ohne Recht, Grund; *von schulde, von schulden* mit Grund, Recht; *von wâren, grôʒen sch.* mit vollem Recht; *von eines sch.* durch eines Veranlassung, um eines willen
sé, sêt hinweisende Interjektion (lat. *ecce*)
sê (*-wes*) st. m. der, die See
sëdel st. m. Sitz
sëgel st. m. Segel
sëhen st. sehen; besuchen; *blicke s.* Blicke werfen
seiger matt, schal
seine Adv. langsam, spät; ironisch = *niht*
seite st. f. Saite
sëlbwahsen frei aufgewachsen, eigenwillig
sëlbwësende durch sich selbst seiend, im eigenen Wesen begründet
selde st. f. Wohnung, Haus
sëlden, sëlten Adv.; oft ironisch: nie
selle sw. m. = *geselle*
selleschaft = *geselleschaft*
sëlp (*-bes*) N. meist sw., sonst st. selbst; *dër, dirre sëlbe* derselbe; dieser; *sëlbe zwelfter* selbst als zwölfter, mit elf andern
sëlpvar (*-wes*) von eigener Farbe; ungeschminkt
sëltsœne seltsam
sem = *sam, sem mir (semir) got*, nämlich: *hëlfe*, als Beschwörung so wahr mir Gott helfe, bei Gott

semfte angenehm; st. f. angenehme Bequemlichkeit
senede, eigentlich *senende,* Liebesschmerz empfindend
seneliche Adv. voll Seelenschmerz, Trauer
senften sw. erleichtern, mäfsigen; erfreuen; leicht werden
sente sanct (vor Heiligennamen)
sêr st. n. auch f. Schmerz
sêre Adv. sehr
sêren sw. Schmerz bereiten, betrüben
sës st. n. die Sechs auf dem Würfel
setzen sw. *für* sich vorsetzen, vorhalten
sibenen sw. zur Sieben machen
sic (*-ges*) st. m. Sieg
sicherheit st. f. Versicherung
sicherlich Adj. und Adv. zuverlässig, sicher
sichern sw. zusichern, versichern
sidel st. f. Sitz
sideln sw. *einem* Sitze bereiten für
sider Adv. seitdem, nachher
sidîn seiden, von Seide
siechhûs st. n. Krankenhaus
sigehaft siegreich
sigen sw. *einem an s.* besiegen
sigenunft st. f. Sieg
sîgen st. sinken
sihtic (*-ges*) *an* sehend, ansichtig
sîn s. *wësen*
sin (*-nes*) st. m. Sinn; Meinung; Absicht; Verstand; *guote sinne* Einsicht
sinewël (*-les*) ganz rund
sinewëllen sw. rollen, kugeln
sinnelôs bewufstlos
sinnen sw. *ze* bedacht sein auf
sint s. *sît*
sippe verwandt; st. f. Verwandtschaft

sit, sid, sint Adv. darauf, nachher, da; Konj. seitdem, da; weil; *sit daʒ, sit diu* da
site st. m. Sitte, Gewohnheit; Art; oft Plur. Benehmen
sitzen anom. sitzen, sich setzen; *gesếʒʒen sin* sitzen, wohnen
siuften sw. seufzen
siune st. n. das Sehen, Gesicht
siuren sw. sauer machen
sld st. f. (aus *slage*) Spur, Fährte, Weg
slac (-ges) st. m. Schlag; Verderben, Unglück; Beschlag
slahen st. schlagen, erschlagen; *an sl.* antreiben; *abe sl.* (eine Schuld oder Rechnung) abtragen
slahte st. f. Geschlecht, Art; *deheiner sl.* keiner Art
slêht schlicht, gerade, glatt
slichen st. leise und langsam gehn
sliefen st. schlüpfen; *in ein kleit* anziehn
slieʒen st. schliefsen, zusammenfügen, bauen
slinden st. verschlingen
slipfic (-ges) schlüpfrig, glatt
sloufen sw. überziehen, anziehen
sloʒ (-ʒes) st. n. Schlofs, Fuge
smac (-kes) st. m. Geschmack, Geruch
smæhe verächtlich, abscheulich
smâcheit st. f. Schmach
smal schmal, knapp, klein
smecken sw. riechen, duften
smiegen st. schmiegen
smielen sw. lächeln
snarrenzære st. m. Geigenkratzer
snël (-les) kräftig, streithaft, rasch; Adv. *snëlle*
snëlheit st. f. Schnelligkeit; schnelle Kraft
snide st. f. Schneide
sniden st. *zesamne* zu einander passend zuschneiden, einander gleich machen
sô Adv. so, wie; Konj. wenn; dann; dagegen; *sô ie* so oft als; oft nach vorausgeschickter einzelner Bestimmung: *nâch*

gewonheite sô schieden sie sich dâ; nach *swēr, swaʒ*; Ausrufe einleitend *sô wol* drum wohl!
solh, sôlch, solch, selh, selk so beschaffen, solch
solden sw. besolden
sorclich gefährdet, sorgenvoll; Adv. *sorcliche* mit Sorgen
sorge st. sw. f. Furcht, Bekümmernis, Todesangst; *eines* für einen; vor einem; *von* oder *ze einem* vor
sorgen sw. niedergeschlagen sein; *ûf* mit Furcht erwarten, fürchten; *sorgende* mit Sorgen; sorgfältig
soum st. m. Pferdelast; = *soumœre* Saumpferd
soumen sw. auf Saumtiere laden
spæhe Adj. und Adv. kunstvoll, kunstreich
spæheliche Adv. klug
spanne sw. f. Mafs der ausgebreiteten Hand
spannen st. ausstrecken; Pferde an den Vorderfüfsen gefesselt weiden lassen; *bouge an sp.* Ringe an die Hand stecken
sparn sw. sparen, schonen
spâte Adv. spät
spëhen sw. suchend und beurteilend blicken, ansehn
spenge st. n. = *gespenge*
spengen sw. mit Spangen versehn
spēr st. n. Speer
spil st. n. Spiel, Wettkampf; *daʒ, ein spil teilen* Bestimmungen treffen, unter denen ein Wettkampf stattfinden soll, oder zwischen denen zu wählen ist; *mîn geteiltiu spil* Wettkampf unter den von mir aufgestellten Bedingungen; *daʒ beʒʒer spil nëmen* die vorteilhaftere Wahl treffen
spiln sw. spielen; hüpfen, funkeln
spiʒ (-ʒes) st. m. Spiefsbraten
spor sw. m. Sporn; st. n. Spur
spot (-tes) st. m. Spott; *âne, sunder s.* wahrhaftig, aufrichtig
sprâche st. f. Sprache; Beratung
sprâchen sw. beratschlagen
sprēchære st. m. Spruchsprecher

sprëchen st. *einem* von einem, über jemand sprechen; nennen; *einen tac* einen Gerichtstag festsetzen
spriu st. f. oder n. Spreu
spruch st. m. II Rede, Sprichwort
spürn sw. der Spur nachgehn, auf die Spur kommen, spüren
staben sw. (*den eit*) den Eid abnehmen, die Eidesformel vorsagen
stæte, stætelich, stætic (-ges) fest, treu
stæte st. f., *stætekeit* st. f. Treue, Beständigkeit
stæteclichen Adv. treu
stdn, stên anom. stehn, stehn bleiben; sich stellen, treten, aufstehn, *von den rossen* absitzen; mit Adv. sich befinden; *hôhe st.* auf dem Gipfel stehn, *einen teuer zu stehen kommen*; *in sorgen st.* sein; *einem st.* anstehn; *einem vor st.* verteidigen; *abe st. eines d.* abstehn von; *ëȝ stdt umbe einen* es verhält sich mit; *ëȝ stdt an einem* es kommt auf jemand an, hängt von ihm ab
starc gewaltig, schrecklich; schlimm; Adv. *starke*
stat st. f. Stätte, Gelegenheit; *an eines s. stdn* als jemand auftreten
state st. f. günstige Umstände, Gelegenheit
stëgen sw. Weg machen, Bahn bereiten
stëgereif st. m. Steigbügel
stehelin stählern
stein st. m. Stein, Fels
steinwant st. f. Felsenwand
sterben sw. töten
sterke st. f. Tapferkeit, Stärke
stic (-ges) st. m. Weg, Pfad, Gang
stieben st. stäuben, in Stücken abspringen, fliegen; Funken von sich geben; sich rasch bewegen
stiege sw. Stiege, Treppe
stiure st. f. Unterstützung, freiwillige Gabe
stiuren sw. unterstützen, fördern
stoc (-kes) st. m. Kirchenstock, Opferstock
stôle st. f. Stola, Priestergewand
stolz, stolzlich stattlich

stœren sw. auseinander reifsen; verwirren, zerstören
stouben sw. stäuben, Staub aufwirbeln
stózen st. stofsen; *in s.* in die Scheide stofsen
stráfen sw. tadeln
strále st. f. Pfeil
strichen st. trans. streichen, *den lip* sich putzen; intr. eilig gehn; ziehen
strit st. m. *wider st.* um die Wette; *sunder strit* ohne Frage einem den st. *lázen* nachgeben, das Feld räumen
striten st. einem mit einem; *an ein d.* nach, für etwas streiten
stritlich zum Kampfe gehörig; Adv. *stritlichen* kampfbereit
striuzen sw. *sich* sich sträuben, spreizen, prahlen
strůch st. m. das Straucheln
strůchen sw. straucheln, zu Boden fallen
stunt, stunde st. f. Augenblick, Zeitpunkt, Zeit; *an dēr st.* zur selben Zeit, sogleich; *an dēn stunden* zu dieser Zeit; jetzt eben; *under stunden* zuweilen; *ze stunden* sogleich; *zeiner stunt* einmal; *túsent stunden mēre* tausend mal mehr
stuol st. m. Richter- oder Herrscherstuhl; *dēr st. ze Rōme* die päpstliche Gewalt
stuolgewœte st. n. Stuhlteppich
sturm st. m. II Kampf
sturmkůene kampfesmutig
sturmmůede kampfesmüde
süenen sw. versöhnen, ausgleichen
süener st. m. Versöhner, Richter
süeze lieblich; st. f. Annehmlichkeit; lieblicher Geruch
suht st. f. Krankheit
suln anom. schuldig sein, sollen; mit Inf. Umschreibung des Futurs: werden; *solde* sollte, mufste; in Konditionalsätzen = würde: *solde erwinden niht* er würde nicht abgestanden sein; *solde hán* hätte sollen; in Aufforderungen und Vorschlägen bei der 1. Person: wollen, bei der 2. Umschreibung des Imper.
sumelich mancher; Plur. einige, etliche, viele

sûmen sw. verzögern; *ēȝ s.* oder *sich s.* säumen, *sich eines d.* oder *mit einem d.* etwas verzögern; *einen eines d.* aufhalten, hindern an
sumerlate sw. f. Schöfsling, Ruthe
sûmunge st. f. Säumnis
sun st. m. II (N. A. Sing. auch *suon*) Sohn
sunder Praep. mit Acc. ohne; Adj. besonders; Adv. besonders, für sich
sunderhaȝ (-ȝes) st. m. besondere Feindschaft
sunderliche Adv. besonders, auf besondere Weise
sundern sw. absondern, trennen
sunewende st. f. Plur. Sommersolstitium, Zeit des höchsten Sonnenstandes
sunne sw. m. f. Sonne
sunnevar (-*wes*) sonnenfarbig
suochen sw. einen aufsuchen, besonders feindlich: angreifen
suochman (-*nes*) st. m. Jäger, der das Wild aufspürt
suone st. f. Versöhnung, Ausgleichung
suontac (-*ges*) st. m. Tag des Gerichts, jüngster Tag
sus, sust Adv. so; sowieso; sonst
swâ Adv. wo immer
swach gering, wertlos
swachen sw. in Unehre bringen
swære, swâr Adj. und Adv. schwer, schmerzlich; *swære* st. f. Schwere, Leid, Kummer
swæren sw. bekümmern, erzürnen
swanc (-*ges*) st. m. Schwung, Schlag
swannen Adv. von wo auch immer
swar Adv. wohin, wozu auch
sweben sw. sich hin und her, auf und nieder bewegen
swëder welcher von beiden auch
sweiben sw. flattern, schweben
sweifen st. trans. schwingen
swëher st. m. Schwiegervater
swëlh, swël was für ein — auch

swenden sw. verschwinden machen, vernichten, verschwenden
swenne Adv. wann immer, wenn irgend
swēr, n. *swaʒ* jeder der, alles das; wer, was auch immer; *swēr* wenn jemand; *swaʒ* mit G. wie viel auch; wie viele auch; *an swiu* woran immer
swern anom. schwören, *eines d.* etwas; *ûf einen* sich gegen jemand verschwören
swērtdēgen st. m. Knappe, der das Schwert nimmt, Ritter wird
swērtgenôʒ st. m. Knappe, der mit einem zugleich Ritter wird
swērtgrimmic (*-ges*): *dēr swērtgrimmige tôt* der schreckliche Tod durch das Schwert
swie Adv. wie auch immer, wenn auch
swiften sw. beschwichtigen
swinde kräftig, zornig; Adv. geschwind
swingen st. schwingend werfen; *hin sw.* wegbauen

T.

tach (*daʒ t. = daʒ dach*; *t* trat nach *ʒ* für *d* ein) st. n. Decke, Hülle
tageliet st. n. Lied bei Tagesanbruch, Morgenlied
tageweide st. f. Tagereise
tan (*-nes*) st. m. Tannenwald, Wald
tandaradei Interjektion als Refrain
tarnhût st. f. II, *tarnkappe* sw. f. unsichtbar machender Mantel; Demin. *tarnkeppelin*
teil st. n. m. *ein t.* etwas, ein wenig; ziemlich viel
teilen sw. teilen, austeilen; *daʒ, diu spil t. s. spil* Wettstreit
tievel, tiuvel st. m. den *tiuvel* spöttisch = Nichts
tievellîchen Adv. teuflisch
tihten sw. schriftlich abfassen; ersinnen
tjoste s. *just*
tiure, tiuwer, tiuerlîch selten, mangelnd; wertvoll, vortrefflich; lieb; Adv. *tiure* teuer, hoch, sehr
tiusch deutsch
tiuwern, tiuren sw. wert machen, ehren
toben sw. rasen, wahnsinnig sein

tobelichen Adv. rasend, wütend
tôre sw. m. Thor, Narr; sinnloser Mensch
tœren sw. zum Thoren machen, betrügen
tœresch thöricht
tote sw. m. Taufpate
tou (*-wes*) st. n. Tau
touf st. m. Taufe; Christentum
tougen heimlich (Adj. u. Adv.); st. f. n. Geheimnis
tougenlich heimlich; Adv. *tougenliche, tougen*
trackenbluot st. n. Drachenblut
trâge Adv. träg, widerwillig
tragen st. tragen, bringen; haben; ertragen, anlegen, aufsetzen; *sich t.* sich betragen, sich halten; *ein d. an tr.* anstiften
trahen st. m. II Thräne
tranc st. n. *trinken* subst. Inf. Trank
trëten st. treten, wandeln
triegen st. betrügen
trinitât st. f. Dreieinigkeit
triuten sw. liebkosen, lieben
triutinne st. f. Geliebte; Gemahlin
triuwe st. f. oft Plur. Treue, Zuverlässigkeit; *bi mînen triuwen* auf mein Wort; *an triuwen* in treuer Gesinnung; im Treuverhältnis; *triwen* D. Plur. Interj. wahrhaftig
triwen s. *trouwen*
trœsten sw. zuversichtlich, froh machen, erfreuen, trösten; *sich eines, eines d.* hoffen, rechnen auf
trôst st. m. Hoffnung, Schutz; bildlich sowohl von Fürsten und Führern, als vom Gefolge; Deminutiv *trœstelîn* st. n. kleiner Trost
troumen sw. träumen: *mir troumet*
trouwen, trûwen, triwen sw. mit Inf. glauben, hoffen; sich getrauen; *eines d.* glauben, erwarten; *einem, einem d.* vertrauen; *einem eines d.* zutrauen, anvertrauen
trüge st. f. Betrug
trügelichen Adv. trügerisch

truhsæʒe sw. m. Diener, der die Speisen aufträgt; Truchsefs (Hofamt)
trumbe sw. f. Trompete; Trommel
trunzûn st. m. Splitter
truoben sw. trüb werden
trûren sw. niedergeschlagen sein (aus Furcht oder Trauer)
trût st. m. Geliebter; st. n. Geliebte; Liebling
trûtswager st. m. Herzensschwager
trûwen sw. vertrauen, sich getrauen
tugen anom. gut, angemessen, brauchbar sein; helfen; ziemen
tugent, tugende st. f. Tüchtigkeit; edler Sinn; ehrenhaftes, feines Benehmen; *in tugenden dër si phlac* in ihrer Unschuld
tugenthaft tugentlich feingebildet, edel; Adv. *tugentliche*
tülle st. f. Höhlung im Pfeilschaft für die Spitze
tumben sw. unerfahren, unbesonnen sein
tump (-bes) unerfahren, jung; unverständig
tunkel dunkel
tuom st. m. Dom
tuon anom. thun; machen, veranstalten; handeln, sich benehmen; *ist getân* zuweilen: ist so gut wie geschehen, geschieht sicherlich; *wart getân* geschah; *einem d. t.* mit etwas verfahren; *einem minne, triuwe t.* Liebe, Treue erweisen; *gâbe, vride t.* ein Geschenk, Frieden machen; *den tôt, den segen, eine hôchgezît t.* den Tod, den Segen, ein Fest geben; *hëlfe t.* Hilfe bringen; mit Adj.: *einen naʒ* nafs machen, *undertân t.* unterwerfen; mit Adv. *einem liebe, leide t.* Freude, Leid bereiten; *ëʒ guot t.* seine Sache gut machen, besonders im Kampfe; *under t.* verbergen; mit Inf., dessen Kasus entweder beibehalten oder mit einem von *t.* abhängigen D. vertauscht wird: lassen, oder nur umschreibend: *einen* oder *einem grüeʒen t.*; an der Stelle eines zu wiederholenden Verbs: *die ich von hërzen minne und lange hân getân (geminnet)*; Part. *getân* beschaffen, gebildet; *wol g.* wohlgeschaffen, schön; gut gehandelt
turn st. m. II Turm

turren anom. wagen, dürfen
twahen st. waschen
twalm st. m. betäubender Saft
twërc (*-ges*) st. n. Zwerg
twërch (*-hes*) quer, verkehrt; G. Adv. *twërhes*
twërgin st. f. Zwergin
twingen, dwingen, tvingen st. zwingen, bezwingen, *eines d.* zu einer Sache; *die fûst t.* ballen

U.

übel böse; Adv. *übele* schlecht; wenig; ironisch == *niht*
über Praep. mit A. über, jenseits; Adv. *übere*
übergëben st. im Spiel zum eignen Schaden vorgeben; aufgeben
übergnôz st. m. seinesgleichen überragend
übergulde st. n. Vergoldung, Werterhöhung; st. f. Sache von höherem Werte
übergülden sw. einen höhern Wert geben
überhér überhoch, übermäfsig stolz
überhére st. f. Übermut
überhœhen sw. übertreffen
überkomen st. überwinden, überreden, überzeugen
überkraft st. f. Übermacht
überlût Adv. offen, gerade heraus
übermâʒe st. f. Übermafs
übermüete, übermüetic (*-ges*) übermütig
übermüeten sw. übermütig sein, handeln
übermüete st. f. *übermuot* st. m. Übermut
überstrîten st. besiegen
überwinden st. überreden; verschmerzen
überwundern sw. durch Wunder überbieten
übric (*-ges*) übermäfsig
ûf Praep. mit D. und A. auf, für, gegen, zu; in Absicht, Vertrauen auf; *ûf genâde* im festen Vertrauen; *ûf triuwe* in aufrichtiger Gesinnung; bei meiner Treue, wahrhaftig; *ûf dën wân* in dem Glauben; *ûf schaden alsô grôʒen* nach so

grofsem Schaden; *swern ûf* schwören bei; Adv. *ûf, ûfe*; *ûf gēben* abgeben; *ûf verlâʒen* aus den aufgelösten Banden frei lassen

umbe Praep. mit D. und A. um

umbereit = unbereit nicht bereit, unzugänglich

umbrîsen (unprîsen) sw. nicht preisen, tadeln, schelten

unangestlîchen Adv. ohne Gefahr

unbehuot unbehütet, unbewahrt; sorglos

unbekort ungeprüft

unbescheiden unverständig

unbetwungen sorgenfrei, unerschrocken

unbewollen unbefleckt

unbilde st. n. Unerhörtes, Unrecht

unbilden sw. *einen* unerhört, unrecht dünken

undanc st. m. Gegenteil von *danc*; *ir ûp habe undanc* sie seien verwünscht! *ze undanke* ohne Dank zu empfangen

unde, und, unt Konj. und, wiewohl; anstatt relativer Anknüpfung *dēr gendden und ir mir* die ihr mir *habt gesworn*; leitet konditionalen Vordersatz ein: *und wil du niht erwinden*

ünde st. f. Welle

under Adv. und Praep. mit D. unter, zwischen; *u. hëlme, u. krône* mit dem Helm, der Krone auf dem Haupte; *under diu ougen* in, vor das Angesicht; *u. wîlen (underwîlent* Adv.), *u. stunden* zuweilen, von Zeit zu Zeit; *u. zwischen* gegenseitig, untereinander

underdringen st. einen zu einem hindurch dringen

underkomen st. dazwischentreten, hindern

underleinen sw. unterstützen

underspringen st. *einen* zu einem hindurch springen

understân anom. dazwischen treten, *ein d.* verhindern

undertrëten st. unterdrücken

underwinden st. *sich eines d.* etwas übernehmen; *sich eines* sich eines annehmen

undiet st. f. gottloses, heidnisches Volk

unëbene Adv. ungleich, unpassend

unéren sw. schänden, beschimpfen
unervorhten unerschrocken
unerkant unbekannt
unerldn nicht frei gelassen
unerrochen ungerächt
unerwant, unerwendet unabgewandt, unwendbar, unerläfslich
unverdaget, einen einem unverschwiegen, unverhohlen
unverdienet unverdient, unverschuldet
unverëbenet unausgeglichen
unverendet unvollendet; unerreichbar
unvermeldet, eines d. in einer Sache nicht verraten
unverschart unverletzt
unverspart unversperrt
unversüenet ungesühnt, unsühnbar
unverworren ohne Störung, ungestört
unvil Adv. wenig
unvriuntliche Adv. unfreundlich
unfuoge st. f. Unziemlichkeit, Roheit
ungahtet durch Nachsinnen nicht gefunden, unfafslich
ungebœre, ungebœrde st. f. Benehmen, Gebärde des vor Schmerz
    und Wut sich nicht beherrschenden; Wehklage
ungebert nicht geschlagen, ungeprügelt
ungedienet ohne gedient zu haben
ungedult st. f. Ungeduld, Heftigkeit
ungevelle st. n. Unfall, Mifsgeschick
ungefröut nicht erfreut, ironisch = bestürzt
ungefüege unhandlich, ungeheuer grofs, gewaltig: unfein;
    schlimm; *ein ungefüege* Riese; Adv. *ungefuoge* gewaltig; grob
ungefüege, ungefuoge st. f. Unziemlichkeit; Unart; Not; unge-
    heure Menge
ungevuoc (-ges) st. m. Ungebühr, Frevel
ungemach st. m. Unruhe, Mühsal, Leid; Gefängnis
ungemeine ungewöhnlich, selten
ungemeit unfröhlich; *u. wërden* Leid erfahren; den Tod
    erleiden

ungemüete st. f. u. *unmuot* st. m. Unmut, Zorn; *in unmuote wērden* in Zorn, Trauer gerathen; *unmuotes* im Zorn
ungemuot unmutig, zornig
ungendde st. f. Ungnade, Hafs, Unheil
ungenæme widerwärtig, unwert
ungērne Adv. mit Unlust, Trauer
ungescheiden ungetrennt, noch fortstreitend
ungesunt (-*des*) krank, besonders an Wunden; st. m. Krankheit
ungetân nicht gethan; *u. wēsen* nicht geschehn
ungetriuliche Adv. treulos
ungetrunken noch nicht getrunken habend
ungewert sin eines d. etwas nicht erhalten
ungewillic (-*ges*) widerwillig
ungewon ungewohnt
ungezogenliche Adv. auf ungezogene Art
unheinlich unvertraut, fremd
unhōvesch unfein, unedel
unhōvescheit st. f. unfeines, rohes Benehmen
unkiusche st. f. Unkeuschheit, Zügellosigkeit
unkraft st. f. Ohnmacht
unkunde, unkunt (-*des*) unbekannt, fremd
unlanc (-*ges*) kurz; Adv. *unlange*
unlobelich tadelnswert; Adv. *unlobelîche*
unmære nicht der Rede wert; gleichgiltig; zuwider
unmâჳ mafslos
unmâჳe st. f. Verfehlen des richtigen Mafses; Unmäfsigkeit; Verkehrtheit; D. Plur. *unmâჳen* Adv. auch vor Subst. unmäfsig
unmæჳlich übermäfsig
unminne st. f. Lieblosigkeit
unmüeჳic (-*ges*) ruhelos, thätig
unmügelich unmöglich; ungeheuer grofs
unmuoჳe st. f. auch Plur. Thätigkeit
unndhen Adv. ferne
unnōt st. f. *mir ist u.* ich habe nicht nötig
unsælde st. f. Unheil, Unglückseligkeit

unsælic unglückselig, verwünscht
unsælekeit st. f. Unglückseligkeit
unsanfte Adj. und Adv. schmerzvoll, schwer; zornig
unschamelich von Schande frei, dessen man sich nicht zu schämen hat
unschedeliche Adv. harmlos
unsenfte schmerzlich, hart
unsenftekeit st. f. Leid, Schmerz
unsinnen sw. von Sinnen sein
unstate st. f. ze *unstaten komen* zu Schaden gereichen
unstæte unsicher, untreu; st. f. Treulosigkeit
unstætekeit st. f. Untreue
unsûmic (-*ges*) unsäumig, pünktlich
untriuwe st. f. auch Plur. Treulosigkeit, Heimtücke
untræsten sw. entmutigen
unwerdekeit st. f. Herabwürdigung, Schmach
unwirden sw. der Ehre berauben
unwîse st. f. schlechte Weise, Melodie
unwitze st. f. Unverstand
unz, unze Adv. bis; Konj. auch: *unz daʒ* bis dafs
uoben sw. treiben, thätig sein
üppic (-*ges*) überflüssig, eitel
ûr st. m. Auerochse
urbor st. f. Einkünfte; Grundstück, von welchem Einkünfte bezogen werden
urliuge st. n. Krieg
urloup (-*bes*), *urlop* st. m. n. Erlaubnis; Urlaub, Abschied
ursprinc (-*ges*) st. m. Ursprung
ûʒ, ûʒer Praep. mit D. aus, in Folge von; *Gunther ûʒ* von *Burgondenlant*; Adv. *ûʒ, ûʒe* aus, bis zu Ende

V. s. F. (auch im Inlaut bei *F* zu suchen)

W.

wd Adv. wo, wohin; *hæren, sehen wd* wie; *wd nu* wo ist, sind nun? wie steht es nun? mit Praep. *wd von, war ndch*

wdc (-ges) st. m. wǽge st. n. bewegtes Wasser, Flut
wachen sw. wachen; erwachen
wǽfen, wǽfne st. n. Waffe, Rüstung
wǽge gewogen, geneigt, freundlich
wǽjen sw. wehen
wǽnen sw. meinen, glauben; mit Inf. hoffen; *eines d.* etwas glauben; *ich wǽne* oder *wǽn* eingeschaltet: glaub' ich, vermutlich
wǽre wahrhaft, echt
wǽrliche Adv. wahrlich, der Wahrheit gemäfs
wǽtlich schön, stattlich; Adv. vermutlich; in negativen Sätzen: so leicht
wáfen, wáffen st. n. Waffe, besonders Schwert; Allarmruf, dann Interjektion: zu den Waffen! wehe!
wáfen, wápen (-enen) sw. mit Schutz- und Trutzwaffen versehen
wáfenhemde st. n. Waffenrock, Kleid unter dem Panzer
wáfenlich gewant Rüstung
wáge st. f. Wage; Lage in der Schwebe, Wagnis; *enwáge, úf der w. stán* auf dem Spiele stehn, *úf die w. lázen* aufs Spiel setzen; *áne wáge* ohne zu wägen, in Masse
wagen sw. sich hin und her bewegen
wágenen sw. auf Wagen laden
wahsen st. aufwachsen, heranwachsen, erwachsen; entstehn
wal st. f. Wahl
wal st. n. die Leichen der Gefallnen, Schlachtfeld, Walstatt
wal (-les) st. m. Welle, Woge
walgen sw. wälzen, rollen
wallǽre st. m. Wallfahrer
walten st. *eines d.* über etwas verfügen; *eines* für jemand sorgen
waltreise st. f. Waldfahrt, Jagd
wamme st. sw. f. Bauch, Leib
wan Adv. aufser, ausgenommen; nach Negationen: als, nur; Praep. mit G. *wan mín*; A. *wan éinen bracken*; N. und G. *wan got unde mín*; Konj. in Nebensätzen allein und mit

daʒ wenn nicht, nur dafs; elliptisch *wan diu tarnkappe* wäre nicht die Tarnkappe gewesen

wan, wande Konj. weil, da; denn

wan (aus *wandene*) Konj. warum nicht? dafs doch!

wan = man

wân st. m. Meinung, Hoffnung, Absicht; *w. tragen ûf ein d.* seine Gedanken richten auf; *w. haben eines d.* Hoffnung, Lust haben zu, hoffen, wünschen; *âne, sunder w.* sicher, ohne Frage; *nâch wâne* aufs Geratewol, ohne Grund

wanc st. m. das Weichen; *âne w.* ohne Fehl

wande s. *wan*

wandel st. m. n. Wechsel; Schadenersatz; Fehler, Tadel

wandelbære, wandelbērnde tadelnswert

wandeln sw. *einem* Schadenersatz leisten

wange sw. n. *diu wangen bieten* sich abwenden

wannen Adv. von wo

want (*-de*) st. f. Wand; *zuo den wenden* bis an die Seiten der Helme

wâpen s. *wâfen*

wâpenroc (*-kes*) st. m. Waffenrock unter dem Panzer

war Adv. wohin

war st. f. Aufmerksamkeit; *w. nëmen, tuon eines* auf jemand achten, für jemand sorgen, *eines d.* etwas in Obacht nehmen, betrachten

wâr haben Recht haben; *w. sagen* die Wahrheit sagen

wârheit st. f. Wahrheit, Wahrhaftigkeit

warnen sw. rüsten, vorbereiten, besonders auf eine Gefahr, warnen, *eines d.* vor einer Sache

warte st. f. Lauer, Wacht; Vorposten; s. auch zu *bestân*

warten sw. spähen, Acht haben; *einem, nâch einem, einem d.* oder *ein d.* erwarten

wasten sw. verwüsten

wât st. f. Kleidung, Rüstung

waten st. schreiten, dringen

waʒʒerwint (*-des*) st. m. Fahrwind

wê Adv. weh, leid; *mir ist w. nâch einem* ich verlange schmerz-

lich nach; Interj. des Schmerzes, auch mit vortretendem *ó,
ou: owé mir* oder *mich, eines d.* wegen einer Sache
wëder welcher von beiden; Fragewort in Doppelfragen
wëgemüede von der Reise müde
wëgen st. (sich bewegen) eindringen, *ein d.* wägen, bewegen; zuwägen, auszahlen; aufwiegen, gegen etwas helfen; *hôhe, ringe w.* hoch, gering anschlagen; *einen* kümmern
wegen sw. bewegen, schwingen
wëgewernde Wegelagerer
weich weich, weichlich, zaghaft
weidenlîche Adv. stattlich
weigerlîchen Adv. stattlich, stolz
weinen sw.; mit A. beweinen
weise sw. m. Waise; ein Edelstein der deutschen Königskrone, so genannt, weil er seines gleichen nicht hatte
weize sw. m. Waizen
wël (-les) rund
wëlch, wëlh, wël welch, was für ein
wellen, welen sw. wählen
wellen anom. wollen; *eines ein d.* etwas von einem; mit Inf. auch Umschreibung des Fut.: werde; Pract. konditional: würde; zuweilen durch: vermutlich, natürlich zu übersetzen, mit Negationen durch: doch wohl nicht; *ine wils niht wësen diep* ich werde es doch nicht gestohlen haben; *dër wirt wolde wænen* glaubte natürlich *die geste wæren tôt; ich wil daʒ* mit Nebensatz: ich meine, ich will meinen dafs
wenden sw. intrans. umkehren; trans. wenden, ändern; abwenden; *sich an ein d. w.* sich an etwas kehren; *ein d. an einen* einem zuwenden; *ëʒ an einem w.* jemand umstimmen; *einen eines d.* von etwas abbringen; *gewant* bewandt
wenen sw. gewöhnen, *sich eines d.* sich mit etwas vertraut machen
wengel st. n. Wänglein, Wange
wénic (-ges) Adj. und Adv. klein, wenig
wenken sw. sich hin und her bewegen, wanken; *einem* ausweichen
wenne Adv. wann

wĕr, n. *waʒ*; *waʒ* mit G. wie viel, wie viele; *wĕs* weshalb; *waʒ dar umbe* was thut das?

wer st. f. Wehr, Verteidigungsmittel

wĕrben st. thätig sein, handeln; *dar w.* darauf seine Thätigkeit richten; *ein d.* betreiben, ausrichten; *geworben oder gescheiden* mit ausgerichteter oder abgelehnter Werbung; *nâch einem d., eine frouwen, umbe e. fr.* sich um etwas, um eine Frau bewerben

wĕrdekeit st. f. Würde; Herrlichkeit

wĕrdeklîche Adv. würdig, ehrenvoll

wĕrfen st. *ĕʒ umbe w.* wenden, kehren

wĕrlde, wĕrlt, wĕlt st. f. Menschheit, Welt, Leben; *zer w., in dirre w.* im Leben

werlich wehrhaft; Adv. *werlîche*

wĕrn sw. währen, dauern; Part. *wĕrnde* beständig

wĕrn sw. *einen* belohnen, *eines d.* einem etwas gewähren

wern sw. wehren, verteidigen, *eines* oder *eines d.* gegen jemand, etwas; *ein d.* auch: abwehren, hindern

wĕrren st. *einem* jemand stören, hindern, bekümmern

wĕrt (*-des*) wert, würdig, edel; st. m. n. Würde, Ansehn; Adv. *wĕrde*

wert (*-des*) st. m. höheres, festes Land in Wasser oder Sumpfniederung, Werder

wĕsen anom. sein; *dâ heime w.* bleiben; *hôher mâge w.* von vornehmem Geschlechte sein; *w. swie einer gebiutet* einem ganz zu Willen sein; *mir ist leit* ich traure, mich betrübt

wette st. n. Pfand; Vertrag, wobei Pfänder gesetzt werden, die dem Sieger zufallen; *ze w.* um die Wette

wibel st. m. Kornwurm, Wurm

wic (*-ges*) st. m. Kampf

wicgewant (*-des*) st. n. Kampfgewand

wich = *weich*(?) Walther 35, 28

wîclîchen Adv. kriegerisch, tapfer

wider Praep. mit D. und A. gegen, zu

widere Adv. zurück; wiederum; *w. unde dan* rückwärts und vorwärts, hin und her

widervart st. f. Rückfahrt
widerkére st. f. Gang, Ritt hin und her
widerlërnen sw. verlernen
widerreden sw. *ein d.* gegen etwas sprechen
widersagen sw. einem aufsagen, Fehde ankündigen; *ein d.* das Gegenteil behaupten
widerspēl (-les) st. n. Wiedererzählung
widerstrēbe st. f. Widerstand
widerstrît, en w. s. strît
widersmanc st. m. Gegenhieb, Gegenschlag
widertuon anom. rückgängig, wieder gut machen; vergelten
widerwürken sw. gegenwirken, durch Handeln vernichten
widerzæme zuwider, widerlich
wigant (-des) st. m. Kämpfer, Krieger
wihen sw. weihen, einsegnen
wiht st. n. etwas geringfügiges, unnützes; *enwiht* nichts, nichts wert, gleichgiltig
wilde ungezähmt, wild; st. f. Wildnis, Ungezähmtheit
wile st. f. Weile, Zeit, Stunde; *die w.* unterdessen; so lange als; davon D. Plur.
wilen, wîlent vor Zeiten, einst; *under w.* zu Zeiten
wille sw. m. Absicht, Wille, Wunsch; *mit willen* mit Absicht, Eifer; *mit eines w.* mit eines Zustimmung; *durch eines w.* um eines willen; *eines d. w. haben* beabsichtigen; *w.* oder *guoten w. tragen* freundlich gesinnt sein; sonst *g. w.* feste Absicht; *sînen willen reden* sagen was man will
willic (-ges) geneigt, freundlich; Adv. *williclîchen* gern
wilt (-des) st. n. wilde Tiere, Wild
wine st. m. Geliebter, Gatte; st. f. Geliebte, Gattin
winster link
wint (-des) st. m. Wind; Funkensprühn; Windhund; *ein w.* spöttisch: Nichts
wîpheit st. f. Weiblichkeit
wirde st. f. Würde, Herrlichkeit
wirden sw. wert machen

wirs Adv. schlimmer, weniger; Superl. *wirsist*
wirt st. m. Hausherr, Landesherr
wirtschaft st. f. Bewirtung, Gastmahl; Hausherrneigenschaft
wise klug, erfahren
wise st. f. Weise, Melodie; adv. D. oder A. *in balles wis* wie einen Ball
wisen sw. weisen, führen
wisent (*-tes* und *-des*) st. m. Büffel
wit st. f. Strang aus gedrehten Reisern; *bi der wide* bei Galgenstrafe
wite st. f. Weite, das Freie; D. Plur. *witen* Adv. weit, weithin
witwe sw. f. Wittwe
witze st. f. auch Plur. Verstand; Bewufstsein, Besinnung
witzen st. Vorwürfe machen, vorwerfen
wizzen anom.; zuweilen *weiz* ohne *ich*; *gewizzen* bekannt
wizzende st. f. Bewufstsein
wol Adv.; *w. mich eines d.* heil mir wegen etwas!
wolveile wohlfeil, billig; st. f. Wohlfeilheit
wolgetœne st. f. Schönheit
wolken st. n. Wolke
wolle sw. f. Wolle
wonen sw., *einem bi w.* mit einem verkehren, *deheiner dienste* zu irgend einem Dienste bereit sein
wortrœze wortscharf, bitter
wüesten sw. verwüsten
wunde sw. f. Wunde
wunden sw. verwunden
wunder st. n. Verwunderung: *w. hdt. nimet mich eines d.* ich wundere mich über etwas; Gegenstand der Verwunderung, Wunderwesen, wunderbare Menge; *w. sagen* Wunderdinge, aufserordentlich viel erzählen
wunderalt wunderbar alt
wunderœre st. m. Wunderthäter
wunderlich wunderbar
wundern sw. Wunder thun; *mich wundert eines* oder *umbe einen* ich wundere mich über jemand

wundernkűene wunderbar kühn
wunderwol Adv. wunderbar wohl
wűnne, wunne st. f. Wonne, Freude
wűnnebĕrnde, wűnneclich, wunnesam wonnebringend, wonnig, lieblich
wűnnen sw. in Wonne bringen, erfreuen
wunsch st. m. II Inbegriff der höchsten Vollkommenheit, das köstlichste; *ze wunsche* vollkommen
wűnschen sw. *eines d.* etwas; *einem* für jemand; einem wünschen; *einen* durch Wunschzauber versetzen
wunt (-des) verwundet
wuof st. m. II Wehschrei

Z.

zage sw. m. Feigling
zageheit st. f. Feigheit
zagel st. m. II Schwanz, *swalwen z.* wahrscheinlich volkstümlicher, verächtlicher Ausdruck für Eid, Eidesleistung, wegen der dabei ausgestreckten Finger
zagelichen Adv. zaghaft
zdi Interj. der Freude
zam zahm, vertraut, gewohnt
zamen, zemen sw. zähmen
zart st. m. Liebe, zärtliche Pflege
zarten sw. liebkosen
ze Praep. mit D. zu, bei, in, gegen, für, als; *ze wunder sagen* für ein Wunder erklären; *ze gisel gĕben* als Geisel geben; elliptisch: *ze Santen* (die Stadt) Santen, *ze Burgonden* (das Land) Burgund; vor Adj. und Adv. das Übermafs bezeichnend: zu
zebrĕchen st. zerbrechen, zerreifsen
zegagene, zegegene Adv. entgegen, gegenüber
zegelich zaghaft
zehant Adv. auf der Stelle, sogleich

zeichen st. n. Zeichen, Fahne; *des tôdes z.* das Aussehn des Sterbenden oder Toten als Abzeichen, Wappen des Todes
zein st. m. Stäbchen von Holz oder Metall
zeln sw. zählen, *ze einem d.* rechnen zu, vergleichen mit
zëmen st. angemessen sein, gebühren, zukommen; anstehn, dabei oft Inf. mit oder ohne *ze*; *mich zimet eines d.* mir gefällt, pafst etwas
zer st. f. Aufwand, Zehrung; Aufopferung
zerbliuwen st. durchprügeln
zerbrësten, zebr. st. zerbrechen (intr.)
zerfüeren, zef. sw. zerstreuen, in Unordnung bringen
zergdn, zergén anom. vergehn
zergëben st. weggeben, verteilen
zerliden sw. zergliedern, zerreifsen
zerrinnen, zerinnen st. ausgehn, mangeln; *mir zerinnet eines d.*
zerteilen sw. verteilen
zerwërfen st. entzweien
zëse (*-wes*) recht (Körperseite)
zetal Adv. hinab, nieder, zu Boden
zewâre, zwâre Adv. in Wahrheit, wahrlich
ziehen st. ziehen, aufziehen; rudern; *diu ros vorführen*; *dan z.* wegführen; *sich ze hôhe* sich zu hoch erheben; *einen sich an z.* auf jemand Anspruch machen; *z. úf* führen zu; *wolgezogen* wohlgesittet, anstandsvoll, *ein houbet w. g.* ein Kopf mit edlen Zügen
zier, zierlich schmuck, fein, schön
zieren sw. verherrlichen
zîhen st. *einen eines d.* einem etwas Schuld geben
cirkel st. m. Fürstenkrone
zît st. f. Zeit, *an der z.* bei Zeiten; *zîter* Kompar. von *zîte* Adv. zeitig, bald
zogen sw. schnell ziehen (trans. und intr.), hinhalten; *mir zoget eines d.* ich beeile etwas
zorn st. m. Zorn, Streit; *mir ist zorn* ich bin zornig; *daʒ ist,*

tuot mir z. das erzürnt mich; Kompar. *zorner*; Demin. *zörnelín* st. n.
zornlichen Adv. zornig
zouber st. n. Zauber
zoumen sw. *einem* einem das Pferd führen
zuc (-ges) st. m. II Geigenstrich; Ruderschlag
zücken sw. m. mit Gewalt, schnell ziehen, fassen; *ûf z.* wegziehn, zurückziehn
zuht st. f. auch Plur. Wohlerzogenheit, Anstand, Höflichkeit; das Ziehen
zühteclichen Adv. anständig, artig
zünden sw. anzünden
zunge sw. f. Zunge; Sprache, Nation
zuo Adv. zu; Praep. = *ze*
zürnen sw. zornig sein, werden, *eines d.* über etwas
zweien sw. entzweien, trennen
zwível st. m. Zweifel, Ungewifsheit
zwívellich zweifelhaft, ungewifs
zwívellop (-bes) st. n. zweifelhaftes, zweideutiges Lob
zwívelwdn st. m. zweifelhafter Gedanke
zwir Adv. zweimal, zweifach
zwiu = *ze wiu* wozu, warum

www.ingramcontent.com/pod-product-compliance
Lightning Source LLC
Chambersburg PA
CBHW030408170426
43202CB00010B/1538